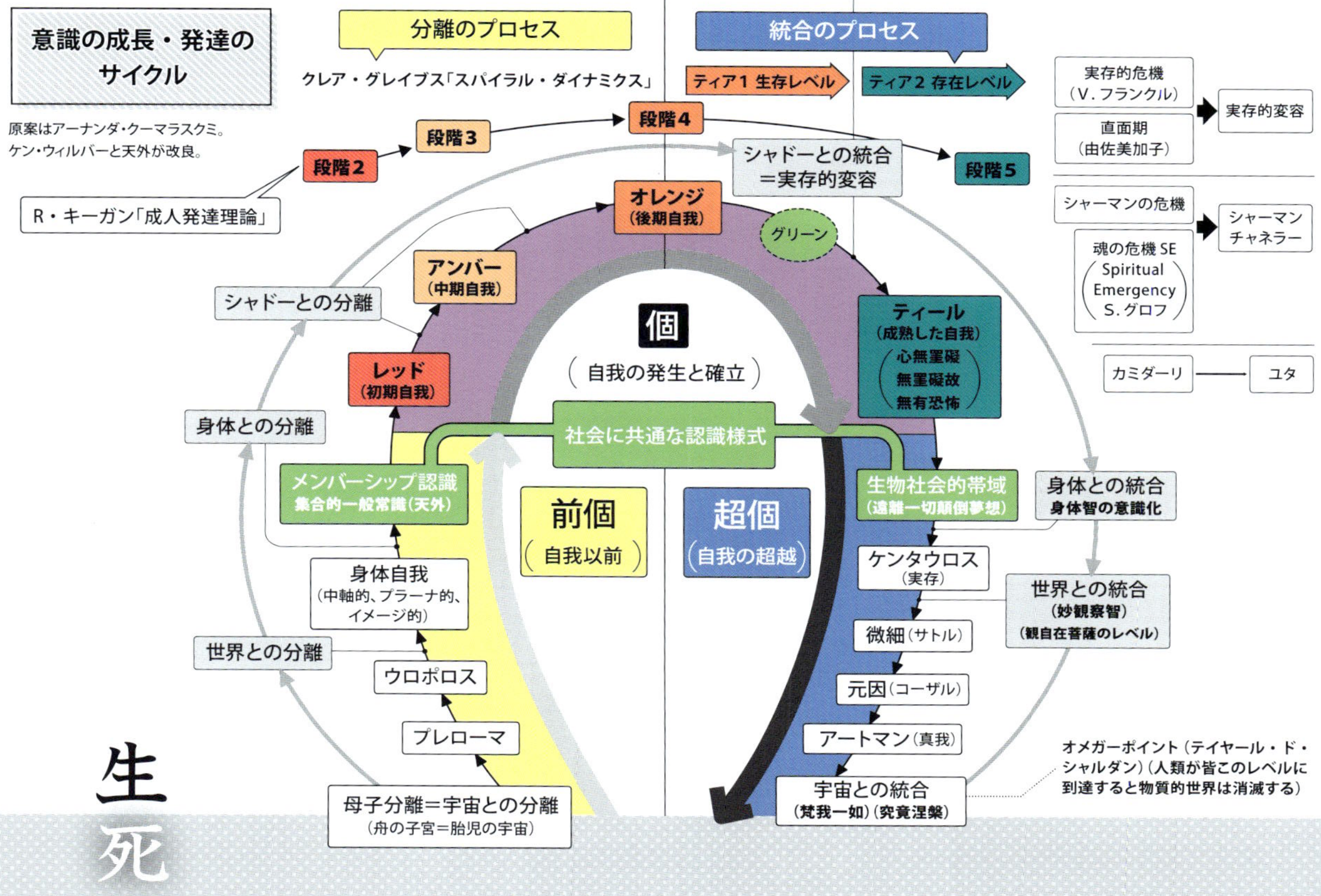

意識の成長・発達のサイクル
原案はアーナンダ・クーマラスクミ。
ケン・ウィルバーと天外が改良。
分離のプロセス
クレア・グレイブス「スパイラル・ダイナミクス」
統合のプロセス
ティア1 生存レベル
ティア2 存在レベル
R・キーガン「成人発達理論」
段階2
段階3
段階4
段階5
シャドーとの統合
＝実存的変容
オレンジ
（後期自我）
グリーン
アンバー
（中期自我）
レッド
（初期自我）
ティール
（成熟した自我）
心無罣礙
無罣礙故
無有恐怖
シャドーとの分離
身体との分離
世界との分離
個
（自我の発生と確立）
社会に共通な認識様式
メンバーシップ認識
集合的一般常識（天外）
生物社会的帯域
（遠離一切顛倒夢想）
前個
（自我以前）
超個
（自我の超越）
身体自我
（中軸的、プラーナ的、
イメージ的）
ウロボロス
プレローマ
母子分離＝宇宙との分離
（舟の子宮＝胎児の宇宙）
ケンタウロス
（実存）
微細（サトル）
元因（コーザル）
アートマン（真我）
宇宙との統合
（梵我一如）（究竟涅槃）
身体との統合
身体智の意識化
世界との統合
（妙観察智）
（観自在菩薩のレベル）
実存的危機
（V. フランクル）
直面期
（由佐美加子）
実存的変容
シャーマンの危機
魂の危機 SE
Spiritual
Emergency
S. グロフ
シャーマン
チャネラー
カミダーリ
ユタ
オメガーポイント（テイヤール・ド・
シャルダン）（人類が皆このレベルに
到達すると物質的世界は消滅する）
生
死

無意識に巣くうモンスターたち

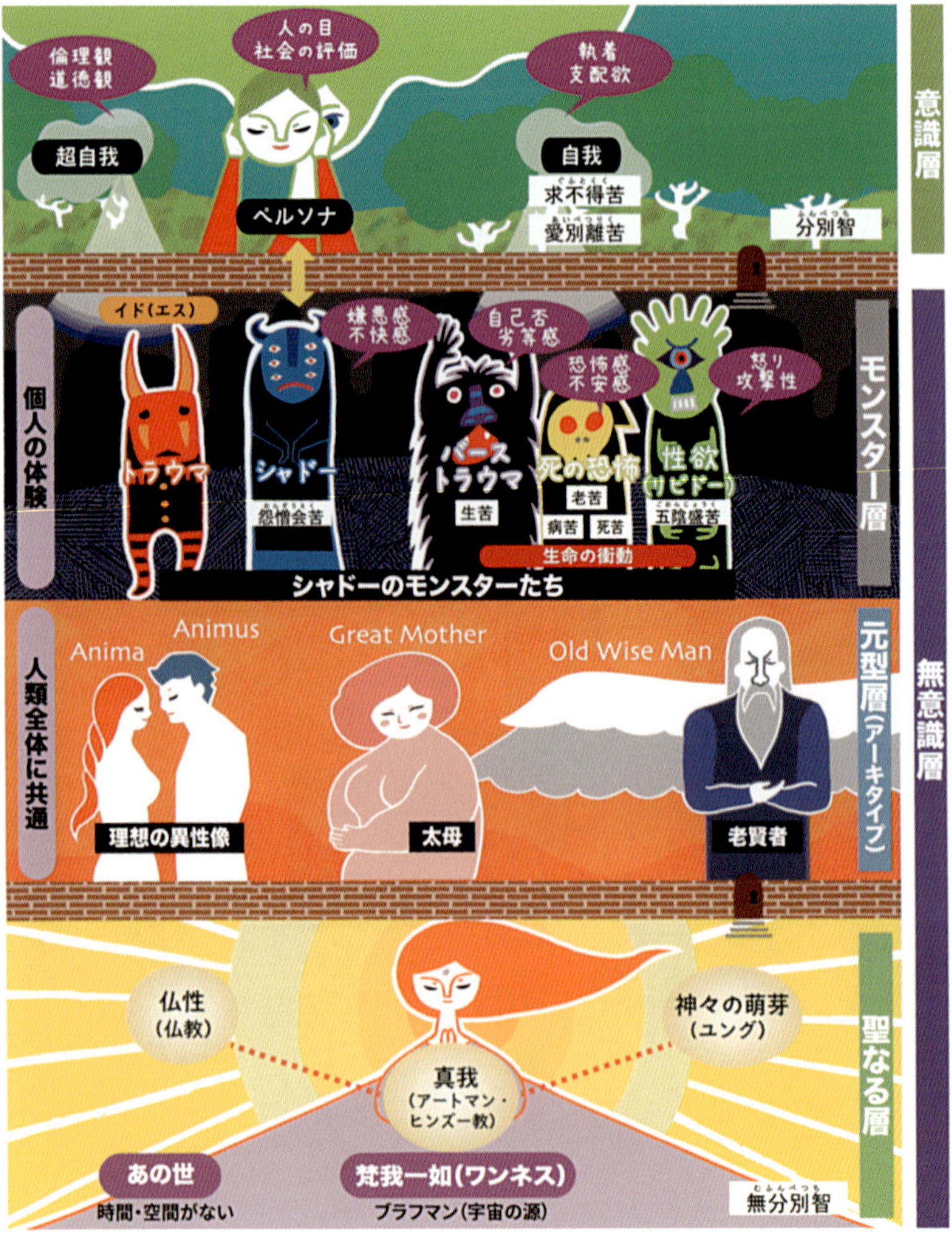

「宇宙の流れに乗る人生」への誘い

あけわたしの法則

天外伺朗
Tenge Shiroh

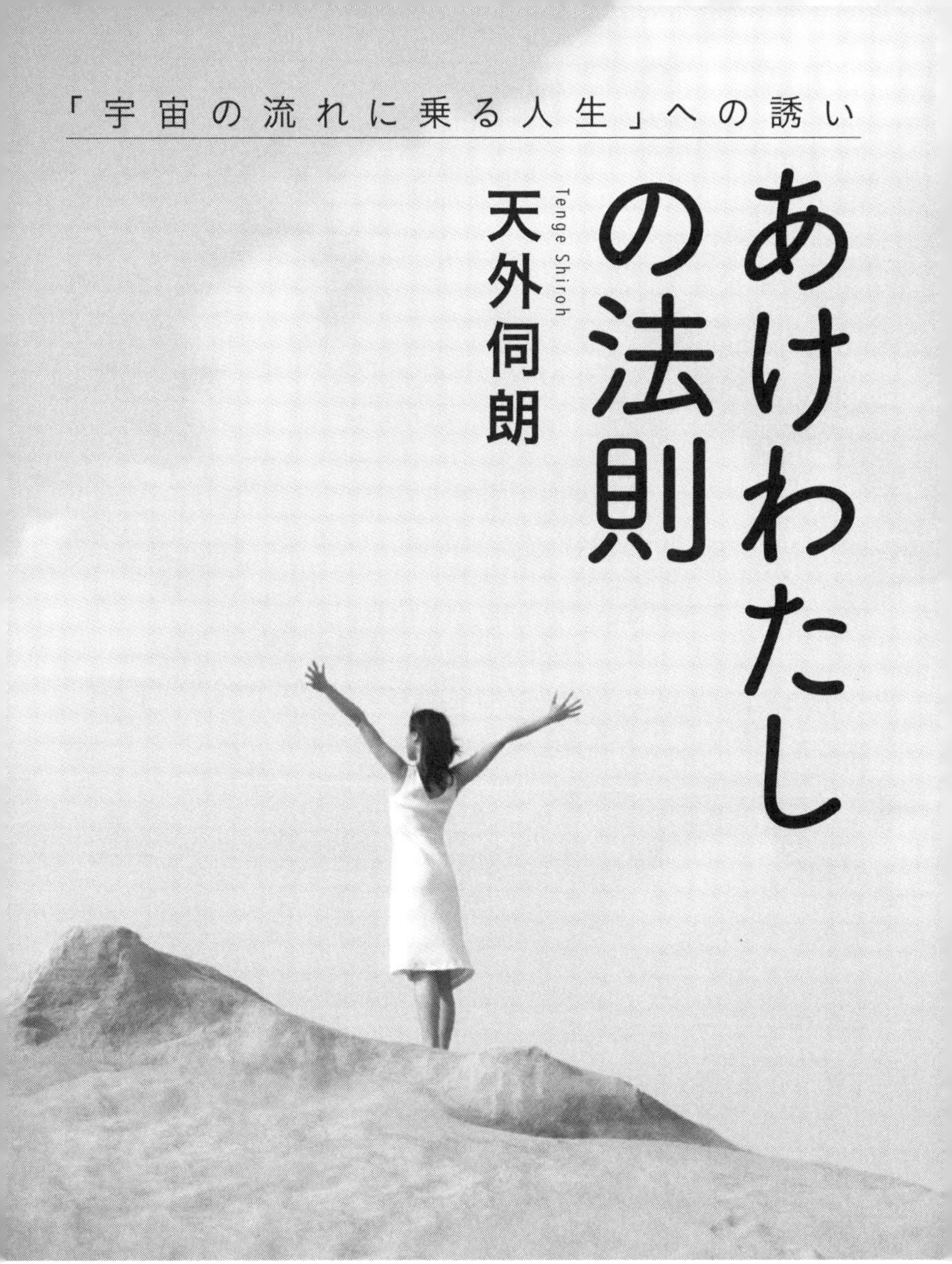

内外出版社

まえがき

いま、あなたの人生は順調ですか？

人生は山あり、谷ありといいますが、なかなか思い通りにはいかないものですね。じつは、**「思い通り」**にしようとすると、逆に引っかかってしまって前に進めなくなるケースが結構あるのはご存知でしょうか。

「思い通り」にしようとする気持ちを完全に消し去るのが、本書のタイトルの**「あけわたし」**なのですが、そうすると、驚いたことに、かえってものごとがトントン拍子に進み「思い通り」になる……という世の中でほとんど知られていない、ちょっと天《あま》邪鬼《のじゃく》な、そしてとっても不思議な秘密があります（5章で詳しく述べます）。

いま、いきなりそういわれても、何だかややこしくて訳がわからん……という印象を受けられたかと思いますが、本書を読み進んでいただくと、その**「あけわたしの法則」**が心にすとんと落ちると思います。

そして、あなたも「人生の達人」の一人になれるでしょう！

さて、**「あけわたし」**の不思議な秘密はさておき、いま世の中ではそれとまったく正反対の風潮が常識になっています。

たとえば、あなたは、**「目標や夢をしっかり持って、それに向かって努力をしなさい」**と教わってきませんでしたか？

さらには、親から**「いい学校 ⇩ いい会社 ⇩ 出世 ⇩ 金持ち」**という昔ながらの成功への道を強制的に押し付けられた被害者はものすごく大勢います。

そうでなくても、「家」や「車」……など、何らかの欲しいものを獲得するために、ほとんどの方は必死に努力された経験がおありでしょう。

かなりの確率で、努力は報われます。だから**「目標に向かって努力」**という教えは、間違いではありません。でも、その成功は、多くの小説や漫画にあるように、逆境に耐えて、歯を食いしばって必死に努力をして、ようやく達成される、という成功ストーリーですね。

いままで世の中で語られてきた成功談のほとんどは、このストーリーであり、必ず「艱難辛苦《かんなんしんく》の末……」という接頭語がついていました。

これを**「古典的成功ストーリー」**と呼びましょう。

本書でお伝えしようとしているのは、これとは全然違います。さしたる努力をしなくても、歯を食いしばって頑張らなくても、周囲から何となくいろいろな応援に恵まれてトントン拍子にことが進んでいく、という感じです。これを私は**「宇宙の流れに乗る」**と表現しています。

自分で努力して流れを作るのではなく、元々滔々《とうとう》と流れている**「宇宙の流れ」**にただ乗るだけ、つまり、自分で泳いで進んでいくのではなく、ただプカプカ浮いていると、流れが勝手に運んでいってくれる……という省エネなのです。

こちらを**「宇宙的成功ストーリー」**と呼びましょう。

「古典的成功ストーリー」と**「宇宙的成功ストーリー」**の間には、じつは**「実存的変容」**と呼ぶ意識の変容があります。その変容を遂げると、人はごく自然に「宇宙の流れ」に乗れるようになるのです。

「実存的変容」というと、ちょっと言葉は難しそうですが、本書を読み進んでいただくと自然にご理解いただけますので、ご心配には及びません［1］。

本来、川は滔々と流れているのです。でもほとんどの人はそれに気づきません。あるいは、流れの向きがわかりません。そして流れに逆らって懸命に泳いでいくのです。力があれば、流れに逆らって泳いでも目的地に着く、それが**「古典的成功ストーリー」**なのです。

自力で泳ぐ「古典的成功ストーリー」に対して、自分では泳がずに「宇宙の流れ」を見つけて、それに乗って流されていくのが**「宇宙的成功ストーリー」**です。

「宇宙的成功ストーリー」では、むしろ一生懸命泳がないことが大切です。努力はむしろ逆効果なのです。すべてをゆだねて、全身の力を抜くことが求められます。いままでの世の中の常識とは正反対なのですね。

それが**「あけわたし」**です。

どういうことかご説明しましょう。

私たちが、おぎゃあと生まれ、赤ちゃんから幼児、青年、大人、老人と変容していくプロセスは、自分ではコントロールできませんね。いかに逆らっても、老人になって、やがて「死」に至るまでのプロセスから逃れることはできません。これが、いわばひとつの「宇宙の流れ」の例です。

人間の場合には、手が2本、足も2本……といった形態は、あまり変わりませんが、蝶が、幼虫から蛹《さなぎ》になり、羽化してひらひらと飛ぶ蝶になっていくプロセスは、形態が大きく変わりますので**「意識の変容」**にたとえると、わかりやすいと思います。**「実存的変容」**というのは、もちろん「意識の変容」なので、人としての姿かたちは変わりませんが、**「生き方や考え方が〝がらりと〟変わる」**ので、蛹が蝶になる変容に似ています。

蛹が蝶になるのも「宇宙の流れ」です。うがった表現を使えば、**「神様が書いたシナリオ」**ともいえます。

さてここで、冗談半分に、蛹が「古典的成功ストーリー」にはまっている姿を想像してみましょう。蛹が何故それにはまるかというと、現状に満足していないからなのです。あなたが昔受験勉強を必死でやっていたときの精神状態を思い出してください。「このままではいけない！」「もっと学力をつけなくては……」と、歯を食いしばってがんばったことでしょう。

受験のような競争で子どもたちにはっぱをかける手法は、じつは**「自己否定観」**を刺激しています。その刺激は、現状から抜け出そうと、「努力」「頑張り」「向上意欲」

などを引き出し、能力向上にはとても効果があるので、どこでもかしこでも使われています［2］。

蛹も「このままではいけない！」と「自己否定観」を募らせ、必死に努力をしていると想像してみましょう。ところが、蛹の状態では蝶という姿は想像できないので、一生懸命に「でっかい蛹」になろうと努力してしまうのです。

力を抜いてゆったりしていれば、自然に蝶になれるのに、それが**「神様が書いたシナリオ」**なのに、その哀れな蛹君は、それとはまったく違う「でっかい蛹」に向かって歯を食いしばって進んでしまいます。そうすると、努力すればするほど、「神様が書いたシナリオ」から離れていきます。結局、その哀れな蛹君は蝶にはなれず、「でっかい蛹」として一生送ることになるのです。

もちろん実際に蛹が努力する訳はなく、これは単なるたとえ話ですが、「目標をしっかり掲げて懸命に努力する」という、いま一般的に知られている方法論は、たとえていうなら「蛹」が「でっかい蛹」になろうとするときにはとても効果があるのですが、「変容」が対象のときには逆効果なのは、ご理解いただけたでしょうか。

「変容」というのは、**「自らのはからい」**を離れて「神様の書いたシナリオ」に乗っていくので、「力を抜いてゆだねる」という心境が大切になります。それを本書では「あけわたし」と表現しているのです。

いま、話をわかりやすくするために、あえて「意識の変容」を取り上げましたが、これはじつは人生のあらゆる局面でいえることです。身体の成長でいえば、赤ちゃんが老人になっていくプロセスは、とくに蛹が蝶になるような極端な「変容」の要素はありませんが、すべて「神様が書いたシナリオ」通りに進んでいきます。

身体の成長だけでなく、じつはありとあらゆるところに「神様が書いたシナリオ」があり、それにしたがって宇宙は進行しています。それを、神様という言葉を使いたくないので、私は**「宇宙の流れ」**と表現しています。

「宇宙の流れ」を無視して、場合によってはそれに逆らって、必死に泳いで成功を勝ち取っていくのが「古典的成功ストーリー」です。だから、艱難辛苦《かんなんしんく》を甘んじて受けないといけないのです。

「宇宙の流れ」をよく読んで、力を抜いて、それに上手に乗っていくのが「宇宙的成功ストーリー」です。そのためには、「自らのはからい」を手放して、「あけわたし」という心境になることが肝要です。

本書ではまず、深澤里奈子《ふかざわりなこ》さんという旅館（湯河原・ご縁の杜）の女将が、**天外塾の瞑想ワーク**で「実存的変容」が起き、崖から無謀にも「えいやっ！」と飛び降りたのですが、もう蛹ではなく蝶になっていたので、下には落ちずにふわふわと飛んでいったという感動的なドラマをお届けします。ドラマといってもフィクションではなく、生身の人間が現実に演じたドキュメンタリーです。

そして、このドラマを追うストーリーの中から、「あけわたしの法則」の神髄をご理解いただき、皆様を「あけわたし」のすばらしい旅路にいざないます。

文中の、［ ］で囲んだ数字は参考文献です。特に何の予備知識がなくてもご理解いただけるように書きましたが、さらに詳しく知りたい方は参考文献をご参照ください。

蛹だと思っていたら、実は蝶の姿で舞っていた！

目次

装幀　福田和雄
本文DTP　中富竜人
挿画　山口萌菜
校正　馬場　環
編集　鈴木七沖

1

ドラマの主役「りなりな」の登場

「天敵瞑想」

まずは、本書のドラマの主役をご紹介しましょう。

深澤里奈子さん、以下、〝**りなりな**〟と呼びます。このドラマが始まる2015年10月時点では、老舗の温泉旅館「ふかざわ」の若い女将(41歳)でした。彼女は2000年、26歳のときにお祖母ちゃんからこの旅館の経営を直接引き継ぎ、ちょうど15年が経過していました。

旅館にはミシュランに2年連続で掲載されるほどの凄腕料理人がいたのですが、職人気質丸出しのとんがった性格のため、フロントスタッフとの諍《いさか》いが絶えず、**りなりな**は悩んでいました。

「お客様は、この宿に休養にいらっしゃるのに、宿のスタッフが内部で揉めているようでは〝やすらぎ〟が提供できないのではないか?」。

りなりなは解決の糸口を求めて私の主宰する「天外塾」へ参加し、瞑想ワークに取り組んだのです。彼女の最初の訴えは、料理人とスタッフとの諍いであり、その要因を料理人の性格だと判断しておられるようでした。

「天外塾」の瞑想ワークは、毎朝・毎晩20～30分1か月間瞑想をします。1か月後のセミナーで様子を聞いて、また次の宿題が出ます。

瞑想ワークの内容は、そのときの塾生の抱えている問題によって変わります。1か月間、毎朝・毎晩瞑想をするというのは、かなり意志の力を必要としますが、「天外塾」では、本当に困っている人に宿題が出るのと、大勢の仲間が見守る中で「やります！」と宣言するので、ほとんどの塾生がやり遂げます。

このときは、**りなりな**が料理人を問題にしていたので、**「天敵瞑想」**を宿題に出しました（当時は呼び方が若干違いました）。

「天敵瞑想」というのは、まずマントラを称えて瞑想に入り、対象にしている人の問題な言動を思い出し、それに対して文句をいい、あるいはののしり、最後に「心にもない感謝の言葉」を称《とな》えて終わります。瞑想中嫌な気分になりますので、それを断ち切るために、また十分な回数のマントラを称えます［3］。

最近、「心にもない感謝の言葉」と最後のマントラを合わせて「ありがとうございます」という言葉を最後に108回称える、という改良版ができましたので、それを付録に載せます（P161）。特に指導を受けなくても、この通りにやれば、すぐに簡単にできる瞑想法です。副作用はなく、とても効果が高いので、「天敵」に悩んでいる方は是非実行してみてください。

「天敵」というのは、誰でも出会いますね。すごく嫌味な上司がいて、やっとの思いで職場を変わったら、今度は嫌味な同僚に出会ってしまう、などといったことが頻繁《ひんぱん》に起きます。「自分はなんて運が悪いんだろう」という嘆きの声が聞こえてきますが……種明かしをしましょう……じつは、信じられないかもしれませんが、**「天敵」は自分で作っているのです。**

これは、あとから詳しくご説明します。私たちは**「こうあってはいけない」**という情動や衝動を抑え込んで表面からなくしますが、それは無意識レベルに抑圧されて巨大なモンスターに育っています。心理学ではそれを「シャドー（影）」といいますが、私は巨大に育っていることを強調して**「シャドーのモンスター」**と呼んでいます。

「シャドーのモンスター」からは、ふつふつと情動が湧き上がってきますが、元々「あってはいけない」と抑圧した衝動だったので「嫌悪感」として表現されます。

あなたが「天敵」と出会って「嫌悪感」が出てきたら、あなたの内側の深いところに必ず「天敵」の中に見出して「嫌だ」と思ったのとまったく同じ特性があり、かつて「あってはいけない」と抑圧してきたのです。抑圧はほとんどの場合、自分では気づけない無意識のうちに起きます。自分の中にない特性に「嫌悪感」を抱くことはありません。

「天敵瞑想」は、一見すると外側に現れた天敵にアプローチしているように見えますが、じつはそうではなく、自らの無意識レベルに潜んでいる「天敵のモンスター」と対峙しているのです。1か月のワークで多くの人に変化が見られ、70パーセントくらいが「天敵」がいい人に変わり、30％くらいがいなくなります。

心理学では「シャドー」のフィルターが変わるのでいい人に見えるようになる、と説明しますが、単に「見える」では説明できないような大きな変化が観察されます。本人には一切アプローチをしておらず、自らの心の中を整えているだけなのに、30％くらいは「天敵」がいなくなりますが、これは心理学ではまったく説明できません。

りなりなの場合には、料理人がいい人に変わったり、自然にいなくなったりする、ということは起きませんでした。結果的にはいなくなりましたが、それは**りなりな**が解雇にして強制的に排除したので、瞑想の結果ではありません。

でも、最初瞑想を始めるときには、「本当に彼はしょうがない！」というムードいっぱいでしたが、解雇にする時点では、かなり愛を感じました。

たとえば、次の料理人を決めてから解雇にする、というのは自分としては潔くないと感じる、ということを言っておられました。次にどこに行くのか、当てのない料理人とおなじように、自分自身にも同じ条件で崖っぷちに追い込まないとフェアじゃない、という感じでしょう。料理人がいずれは自分の店を持ちたいといっていたのも、ちゃんと配慮しておられました。

本人はそうは言っておられませんが、この時点で瞑想の成果として、料理人は**りなりな**にとってかなり「いい人」に変身していたようにも感じられました。

瞑想の対象は料理人だったのですが、瞑想を続けるうちに、**りなりな**は自分の本心に気がつきました。**「本当は、私は旅館をやりたくないんだ」**……と。

おばあちゃんの代から、絶品料理と湯のよさで売ってきた旅館で、とても繁盛してきましたが「本当はやりたくない」という自分の本音に気づいたのです。

「宇宙の流れ」に乗り始めた兆し

瞑想を始めて1か月後に、同じ名字で紛らわしいのですが深澤正樹《ふかざわまさき》さん、早苗《さなえ》さんのご夫妻が旅館「ふかざわ」にアルバイトとして入ってきました。自然食関係の会社を経営していたのですが、それをたたんで友人と一緒に淡路島でゲストハウスを立ち上げようとしておられ、そのトレーニングのためにしばらく実習させてくれというのです。

それを聞いて私は、**りなりな**が**「宇宙の流れ」に乗り始めている**と感じました。

深澤早苗さんは、お会いしたことはなかったのですが、私の断食の師匠・野口法蔵師からお名前は聞いていました。断食後の〝明けの食事〟で食べるパンを彼女が提供していたからです。私は、いまの料理人とトラブルの様子を相談してごらん、とアドバイスしました。また、お二人の長男が天外塾の塾生だったので、そこでもつながりを感じていました。

このように、**りなりな**が瞑想を始めたタイミングで、明らかに彼女の人生をサポートする役割を担っていると推定される、名前を知っている人が現れるというのは**「共時性」**であり、私には瞑想の成果が表れ始めたように映ったのです。

このように身の回りで起きていることを注意深く観察するのも「宇宙の流れ」に乗る一つの秘訣です。

それからしばらくして旅館内でトラブルが起き、彼女は料理人を呼び出しました。

もちろん、トラブルについて話をするために呼び出したわけですが、なんと彼女は「もう旅館（という形）をやっていてはいけないのです！」と言ったのです。このとき彼女は、頭で考えていたこととは違う言葉が、腹から湧き出してしまった、と言っています（3章）。

料理人はビックリしてしまって「解雇ってことですか？」と聞き返してきたそうです。彼女自身も自分の言葉に驚いていたのですが、料理人の問いを否定せず、頷いたのです。

年が明けると、料理人が再び彼女のもとへやってきて「年末に言われた解雇の件は本当ですか？」とたずねたそうです。すると彼女は「旅館をやめて、来月の3日（春分の日）から、お客様のココロとカラダを整えるリトリートをオープンします」と宣言してしまったのです。

料理人は唖然《あぜん》としたらしいのですが、彼女もまた自身の言葉に驚いていました。なんせ次の料理人も当てがないまま、凄腕料理人を3人解雇にして、1か月後にはリトリートとしてリニューアルオープンする、なんて口走ってしまったからです。

無謀も無謀。経営的な観点からすれば、もうメチャクチャとしか言いようがありません。だから彼女も言ってしまってから「こんなこと言っちゃったけど、どうしよう。大丈夫かしら……」と心配になったそうです。そりゃそうでしょう。

しかし心配と同時に**〝不思議と腹の底に、どっしりとした安心感のようなものがあった〟**というのです。これが**〝あけわたし〟**です。

りなりなは最初に料理人に「もう旅館はやりません！」と告げたとき、〝頭で考えていたこととは違う言葉が、腹から湧き出してしまった〟と言いました。頭で考えた計画や計算ではなく、彼女の魂の叫びであり、本心だったのです。

すべてはうまくいっている⁉

ミシュランに掲載されるほどの料理と、温泉好きを唸らせる良質の湯を備えた旅館は、繁盛していました。スタッフ間の諍いに目をつむって、経営し続けていく道もあったはずです。いや、世の中の商売というものは、ましてや繁盛しているのであれば、問題を抱えつつも利益のために〝だましだまし〟続けていく例が多いのではないでしょうか。

しかし、彼女は**〝頭で考えていたこととは違う言葉が、腹から湧き出してしまった〟**結果、経営的には無謀としか言えない大転換に踏み切りました。

その後、旅館はどうなったのか？　次の当てもなく料理人をクビにしてしまったわけですが、たまたまアルバイトに来ていた深澤早苗さんに社員のまかない料理を頼んだことから、彼女がビーガン料理の達人であることを**りなりな**は発見していました。早苗さんは、淡路島のゲストハウスに行くので、4か月後にはいなくなりますが、こういう料理を提供したい、という強い思いが料理人をクビにしてしまった背景にあったのです。

ところが、とんでもない共時性が起こり、早苗さんの淡路島のプロジェクトがなくなり、結局早苗さんが次の料理長に就任することになりました。

経営はどうなったのか？

1か月後のリニューアルオープンだったため、翌月の予約をすべてキャンセル。リトリートして再出発したものの、売り上げは半減したそうです。しかし高給だった料理人3人が去り、ビーガン料理メインになったため、高価な肉も魚も仕入れる必要がなくなり、じきに黒字へ持ち直しました。

解雇を宣告された3人の料理人はどうなったのか？

料理長は独立して2店舗も店を開き、二番手も自分の店を開き、三番手も銀座の料理長に再就職しました。

以上が、このドラマの主人公、**りなりな**が蝶になってひらひらと飛び出していったストーリーのアウトラインです。

さて、これからは、この迫真のドラマの展開を、随所で「あけわたしとは何か？」がわかるように、解説を入れながら皆さんと一緒に見ていきましょう。

2

「ダメ人間」のススメ

りなりなが語る変容のストーリー

２０２１年12月18日（土）。「ご縁の杜　湯河原リトリート」に約30名の男女が集まりました。ここは、かつて旅館「ふかざわ」と呼ばれており、約6年前、**りなりな**が蝶になって飛び立った、まさにその場所です。

なぜ集まったかというと、**りなりな**本人の口からその変容のストーリーを聞こう、と1泊2日の貸し切りリトリートが開かれたのです。まさにこういうリトリートを開く場所にしたい、というのが**りなりな**の夢だったのですが、本人のストーリーテリングを中心にそのひとつが実現されたということです。

このとき集まったのは、できたてほやほやの**「サロン・ド・テンゲ」**の会員たち。編集者の鈴木七沖《すずきなおき》さんが、天外のファンクラブみたいな組織を立ち上げてくれたのです。

「編集者と作家が組むのだったら、本を造りたいね！」

と、この合宿はその講義やダイアログを本にまとめる、という前提で開催されました。「蝶になったり**なりな**の物語」で1冊まとめようという計画でした。

ところが、合宿がうまくいき、さあいまから本をまとめようか、と準備が始まった翌年2月からウクライナ戦争が始まってしまい、天外はインディアンの長老のひとりとして「祈り」のかわりに『「正義と悪」という幻想』【4】という本を緊急出版いたしました（インディアンの長老は世界のどこかで戦争が始まると必ず「聖なるパイプ」を取り出して平和のために祈ります）。

次に、「日本列島祈りの旅」の総集編（No.3）として、『出雲王朝の謎を解く！』【5】という本を、ものすごい難産の末まとめました。さらには、『シン・コミュニティ論』【6】が上梓されました。いずれも編集は鈴木七沖さんです。その他に天外は、前出（P22）の【3】『運命のシナリオ』（2023年9月）という本を書いております。

この4冊のとばっちりを受けて、「蝶になったり**なりな**の物語」は、2年半もの間、塩漬けになっておりました。

ようやく塩漬けが解けて（汗）、時間を2021年12月まで巻き戻して語ろうとしているのが本書です！

というわけで、話を「ご縁の杜」の会場に移しましょう。

全員のチェックインが終わり、皆は**りなりな**の話を待っていたのですが、天外が長々と前座のトークをしております。

天外：『そう……ここでいまから展開される、私や**りなりな**のお話、皆さんとのダイアログが一冊の本になる……つまり、この合宿は本を造るという野望を秘めているのです。本当にできるのか？（笑）。

つい先ほどまで、本の仮のタイトルは『ダメ人間のススメ』でした。でも、よく考えると、**りなりな**を主人公にした本のタイトルが「ダメ人間のススメ」だと、まるでりなりなが「ダメ人間」だ、と決めつけているような印象になるよね（笑）。

これは、ちょっとお気の毒……ということで、ついさっき仮のタイトルを「あけわたしの法則」に替えました。このタイトルだと、ちょっと、りなりなが偉そうに見えるでしょう？　本当は、中身は「ダメ人間」かもしれないけど……あ、ごめん（笑）』

ここで天外は、「ダメ人間」の神髄について語りました。

これは、かなり深い内容です。

天外：『もう16年になるかな、天外塾というセミナーをやっています。最初は確かに経営塾だったんだけどね……いまはもう、何をやってんだかわからない（笑）。塾生も他の人に説明するときに苦労しているみたいです。でも、塾生の「実存的変容」をサポートするワークをたくさんやっていて、その方面ではよく知られています。

そうするとね、ケン・ウイルバーとかロバート・キーガンとか、意識の成長・発達を論じている学者の本を無茶苦茶によく勉強している人が時々来るようになった。「天外さん、それ違いますよ。ケン・ウイルバーはこう言っています」なんて教えてくれるので、とてもありがたいんだけどね。どうしたわけか、よく勉強している人に限って、さっぱり変容しない。どうも、知識は、かえって変容の邪魔になるらしいんだな……。まあ、考えてみたら「ピアノの弾き方」という本を100万回読んでもピアノは弾けるようにならないよね……』

「う〜む、どうやれば泳げるんだろう……」

天外：『鈴木大拙《すずきだいせつ》という人知ってる？　あ、ほとんど知らないんだ。臨済宗《りんざいしゅう》の人で仏教哲学者。アメリカに12年間住んで、カウンターカルチャーにすごい影響を与えた人。なんかで読んだことがあるけど、20世紀に偉人が二人いる、一人はアインシュタインで、もうひとりが鈴木大拙だ……と。それくらいすごい人！

禅宗の人なのに『妙好人《みょうこうにん》』という本を書いているんだ［7］。これね、**りなりな**も〝妙好人〟じゃないか、っていう話を後でするので、言葉だけでも覚えておいてほしい。要するに「ナンマイダ」と言っているうちに悟りを開いた、といわれている人……**りなりな**が悟りを開いた、と言ってるわけじゃないよ（笑）。

その本にさ、こんなことが書いてあった（［7］P11）。

「学問とか智慧才覚などという〝がらくた〟があると、それは信仰に進むものの障礙《しょうへき》となることとは確かである」

これすごいよね！　学問も智慧才覚も〝がらくた〟といって全面的に否定してしまっているんだ。俺らがこれをいったら、「アホかっ！」で終わっちゃうけど、鈴木大拙の言葉だからね。誰も無視できない！』

鈴木大拙（1870〜1966）

東京帝国大学哲学科在学中から鎌倉円覚寺に参禅、「大拙」の号を受ける。出家はせず、生涯有髪。1897年から12年間アメリカの出版社に勤務、多くの仏教書を英語で出版。1911年、神智学徒のベアトリス・レイン（1878〜1939）と結婚。1921年から夫婦で真宗大谷大学（現・大谷大学）教授に就任。

天外：『知識があると、それにとらわれてしまって自分の心の奥に入っていけなくなるのかな……でもね、それだけではないぞ、ってことがだんだんわかってきたんだ。どういうことかというと、よく勉強している人は自分が聖人のようになろうとしていることに気づいたんだ。知識があるので、自分はもうすでに、その方向にかなり近づいていると錯覚していて……もうちょっとで聖人みたいになって、皆に称賛されることを夢見ている……。

でも、称賛されないいんだよね、「実存的変容」では……。かえって、馬鹿にされるかもしれない』

私たちは、ほとんど「いい人」を装って生きています。「立派な社会人」とか「良き隣人」とか「能力ある人」のふりをしている……。「こうあるべきだ！」という姿を自分で規定して、その通りに生きようと演技しているのです。それはほとんど自動的に行われているので、本人はそのことを意識していません。

ところが、やはり人間ですから、「こうあるべきだ！」という自ら定めた規範からはみ出して情動や衝動が沸きあがってきます。それを私たちは、ほとんど意識せずに「こうあってはいけない!」というレッテルを張って、心の奥底に押し込めてしまいます。心理学では、それを「抑圧」といいます。

抑圧された情動や衝動は、「無意識」レベルで巨大に膨れ上がってすさまじい勢いでうごめいていますが、それを「シャドーのモンスター」と名づけています**(巻頭のモンスター図参照)**。

天外:『いま問題にしている意識の変容というのは、これを「実存的変容」と言っているんだけど、ひとことで表現すれば、装いや演技をやめることです。格好をつけなくなる、素をさらすといってもいい。「こうあるべきだ!」と「こうあってはいけない!」の境界が両方とも撤廃されます。

「こうあるべきだ!」という境界がなくなると、「立派な社会人」から外れるかもしれないし、「こうあってはいけない!」という境界がなくなることは「ダメ人間」をさらすことになります。どちらも聖人とは、まったく逆の方向ですね。

人間っていうのは、どうせどんな人でも嘘はつくし、嫉妬もするし、間違いもするし、ドジで間抜けでね、ろくでもないんですよ。人間っていうのは全員「ダメ人間」なんですよ、本当は……。その「ダメ人間」であるのはちょっと認めたくないんで、それを押さえ込んで、すごくいい人である、立派な社会人である、能力がある人のように見せて皆生きている。

その装いを解くのが「実存的変容」。だから「ダメ人間」を平気で外にさらしてしまう。聖人とは反対の方向。人から称賛されるわけはない。だから聖人を目指して，ちょっとでも聖人のふりをしようとすると「実存的変容」からは、どんどん遠ざかってしまうのです』

いかにダメさをさらせるか？

たまたまこの合宿に、高齢者施設を運営していた忌部直宏《いんべなおひろ》さんが出席しておられました。彼は、装ってしまったことにより介護のサービスをちゃんと受けられていなかった高齢者に、紙を1枚貼ることにより改善した体験を持っておられます。自分で「ダメ人間」と認めると、介護がとてもスムーズになるという話です。

天外に促されて忌部さんがそれを語ります。

忌部：『高齢者の介護は結構大変で、たくさんの悲劇を見てきました。優しかった家族が介護疲れでいがみあって、結局不幸になっていくみたいなことは、ざらにあります。

介護で何をするか、というよりは、その前提条件みたいなものが大切なことがわかってきました。介護を受ける方も、装って突っ張っているとギクシャクします。天外さんのいう「ダメ人間」をさらすことができると、介護者にゆだねられるようになって全部がうまく回り始めます。

高齢者の方は、自分がちゃんとして、強くて、役に立ったら、愛されるし、守られるし、助けてくれるっていう前提があるので、弱さを出せないんですね。そうするとサービスを使えないので、家族で抱え込んでいって、結局家族も潰れてしまう。

「弱さを出せたら私に担当さしてください」っていう人はすごくいっぱいいいてるので、ダメで弱くて役に立てない、どうしようもなくても愛されるし、守られるし、助けてくれるっていう前提がシニアの中で変わると、今までサービスを一切拒否していたような人たちが急にサービスを使い始めたりします。

10年ぐらい障害を受け入れないって言っていた人が、家族の人がトイレにこっそりこの張り紙（次頁参照）を貼っておくと次に病院行ったときに、「僕は障害やったんだね」って急に受け入れられるようになったりします。

結局今までのシニア世代には、ちゃんとしていないと捨てられる、という姨捨山《おばすてやま》の信仰がやっぱり世代的に強く残っています。この紙を3週間とか1か月ぐらい貼っておくと、大体何か変容している。本人も気づかずに何かダメでもいいよね、みたいなふうになっている方が多いです。

いかにちゃんとして、強くあって、役にたったら愛されるじゃなくて、どうしようもなくて弱くて、役に立てないお荷物でも愛されるし、守られるし、助けてくれるっていうのに持っていけるかが、介護においては大切です。

みんなそこで苦しんでいるだけで、そこから出て、「助けて」って、弱さを出せたら苦しむ人っていうのは、僕はいままで見たことがありません。結局、天外さんが言われていたように、この「ダメさ」を出せるかっていうのが、介護においても、障害者の支援でも同じかなっていう感じです』

忌部さんが作った言葉

私は、ダメな自分がいてもいい、
弱い自分がいてもいい、
人の役に立てなくてもいい、
それでも私は、愛されているから、
守られているから、
皆が助けてくれるから。

そうか
ダメな人間でも
いいんだ…！
私はダメな自分がいてもいい、
弱い自分がいてもいい！
人の役に立てなくてもいい…
それでも私は、

「ダメな自分でいいんだ……」

天外：『有難うございます。「ダメ人間のススメ」という本は、忌部さんと造ろうか（笑）。「実存的変容」なんて難しい話を持ち出さなくても、高齢者が普通に暮らすときでも「ダメ人間」をさらす、ということがとても大切なようです。それを、単に紙を貼っておくだけで達成する、というのはすごいです。

この言葉はすごくいいです。じつは、「メンタルモデル瞑想」のスートラの一つに採用させていただいており、公開しているので、このスートラをつかって毎日瞑想している人は、もう結構いると思いますよ（4章でご説明します）。忌部さんに著作権料払っていませんが（笑）……』

3

肚《はら》から言葉が出てきた

天外塾の原則は「ぐちゃぐちゃしゃべる」こと

天外の話はまだまだ続きましたが、本書では省略しましょう。ご縁の杜の会場は、結構熱気に包まれていましたが、休憩もなしに**りなりな**の話に突入しました。

りなりな：『何かハードルが高いな。何をしゃべったらいいか、わからない』

天外：『あのとき何が起きたか、どう思ったか、その後どうなったか……をしゃべって。天外塾流にぐちゃぐちゃにしゃべればいい（笑）』

りなりな：『はい……ここは私、2000年に26歳でこの旅館を三代目として、継がせていただきました。そこから高級旅館を目指して単価を上げるとか、稼働率100％を目指すとか、もちろんスタッフの成長も目指してですね、ガーッとやってきました。

２０１１年の震災のあたりのときに、いま表に出している「人生に変化が起こる場」でありたいなっていうふうにほのかに思うようになって、でもやっぱり、売上・利益・部屋稼働率・高級旅館・他の旅館に負けないように、みたいなものもありました。

２０１４年ぐらいから何となく変わって、なんか一番売上も利益もすごいピークに来てて、最高にいいのに、もう何か違うんだよな……これじゃあないよな……みたいな気持ちが湧いてきて、どうしていいかわからず……２０１５年あたりから「日の出ツアー」を始めました。

体から変えていこうと。でもやっぱりもう体がさらに変わってくると、ぐっと詰まってきてどうにもならない状態になってしまいました。

そうしたらあの最後の砦のね、とっても怪しい天外塾があるということを聞きました（笑）。ＣＤとかを聞いたけど、聞いていると気持ちが悪くなって、最初は、ここは絶対行ってはいけない塾だ（笑）って思ったんですけど、なんかもうそこまで詰まってくると、なぜかわからないけども、ここに行かなきゃいけないっていうふうになってしまった。結局、２０１５年度後期の天外塾を受講しました』

天外塾では、料理長とのトラブルが提示されましたが、実際にはこれよりも大きな旅館の運営に関する、大きなフィロソフィーの問題を抱えていたようです。この話はややこしいせいか、天外塾ではあまり表には出ませんでした。

りなりな：『天外塾は最初ほとんど自己紹介からスタートします。「支離滅裂にめちゃめちゃに話してね」みたいな感じで言われてね。普段だったら割と理路整然と、これが問題でこれが答えで、ここが今詰まってるところ……みたいなふうに結構わかって喋るんだけれども、もうめちゃめちゃ何を喋っていいかよくわからなくなってるところに天外先生が突っ込んでくる（笑）』

天外塾では「ぐちゃぐちゃにしゃべる！」というのが原則です。世の中では、理路整然としゃべるのがいいと思われていますが、そうすると論理ばかりが表に出て、本音がどこかに行ってしまいます。要するに装ってしまうのです。

装いを外して、心の奥底からの声が出るようにするためには、支離滅裂の発言をする、言語として整わないままにしゃべる、という練習が必要になります。意味をなさなくても、思いついた単語を羅列するのです。

ただし、これを外でやったら「馬鹿かっ！」と思われますので要注意（笑）！

りなりな：『そのときの料理長との関係性が私の中で、多分すごく大きな課題だったけど、いや、よくやってくれてるとか、他の板前さんとかに比べたら全然いいし、とか……そういう何かちょっと正論的な、あるいは料理長を正当化する意識もあって……天外先生に突っ込まれているうちに、料理人の文句みたいなことを私が言ったんですよね。こんなとこ来て自己紹介で、そんなスタッフの悪口みたいなことをいってしまった……これって私にとっては一番言いたくないことを言わされてしまった、とちょっと落ち込みました』

りなりな自身も気づいていなかったと思いますが、心の底に、料理長に対する猛烈でネガティブな感情が渦巻いていました。ところが、料理は名人級だし、ちゃんときちっと料理はしてくれるし、旅館にとっては大切な存在だし、**りなりな**は必死になって自らのネガティブな感情を抑え込んでいる状態でした。

こういう本音は理路整然としゃべっているときには理性で抑えるので絶対に表に出てきません。全部きれいに装ってしまうのです。ぐちゃぐちゃにしゃべると、端々にちょっとずつ顔を出します。それを目ざとく見つけて素早く引っ張り出すのが、天外塾の得意技です。

これがワークの神髄ですから、本人が落ち込もうが泣き叫ぼうが容赦しません(笑)。

「情動の蓋」が開いた！

このように、ネガティブな感情を激しく抑え込んでいる状態を、私たちは**「情動の**

蓋が閉じている」と表現します。理性と論理で表面的に繕っている状態であり、なかなか本音が表には出てきません。

りなりな本人も言っているように、2014年時点で、じつは旅館の経営に違和感を覚えており、まだ明確なイメージはなかったかもしれませんが、いまのリトリートのような運営へと舵を切りたかったのでしょう。

しかしながら、「情動の蓋が閉じている」状態では、そういう心の底からの思いは実行に移せません。つまり、そういう本心を押し殺して普通の旅館経営を続けていることと、料理長に対するネガティブな感情を理性と論理で抑え込んでいるというのは、じつはよく似た抑圧のメカニズムなのです。

この日のワークで、**りなりな**の情動の蓋はちょっとゆるみました。

本人もびっくりしたようですが、いままで抑えていた料理長に対する悪口を大勢の前で言えた、というのがそのひとつの現れです。蓋はゆるんだものの、それを開けるにはまだまだ相当大変なワークが必要です。

この後、**りなりな**には1章でご紹介した「**天敵瞑想**」の宿題が出ます。そのくだりは省略します。1か月では結果が出ず、時間はかかりましたが、**りなりな**は情動の蓋が開き、心の底からの思いを外に出すことができました。その経緯を**りなりな**自身の口から語ってもらいましょう。

りなりな：『……わりかし、まともに毎朝・毎晩瞑想しました。1か月後の天外塾のときに「どうだい？」って言われて、なんかそれをやっていったら、私の中でもう本当に見るもの聞くもののすべてに腹が立ってきちゃって、その報告をしたところ、もう1か月やってとかって言われて、もう1か月やっていたんですよ。最初のスタートが2015年10月で1か月やって11月で、またもう1か月続けました』

瞑想を続けていたら腹が立ってきた、というのは、瞑想がとてもうまくいっている証拠です。それまで、「情動の蓋」をきつく締めて「怒り」を抑圧していたんですね。抑圧すればするほど巨大化しますから、「シャドーのモンスター」が暴れている状態です。それが「ぐっと詰まってきて、どうにもならない状態」と表現されています。

一般常識とちょっと反対に感じられるかもしれませんが、表面的に静かで怒りが表に出ていない状態では「シャドーのモンスター」は心の底で暴れており、怒りが外に出てきたら、内側の「シャドーのモンスター」は逆におとなしくなっているのです。「情動の蓋」が開いてくると、抑圧されていた「怒り」が外に出てきます。それが一か月後の状況です。瞑想がうまくいっていることがわかったので、さらにもう一か月続けてもらいました。こうやって、少しずつ「シャドーのモンスター」に直面していくのです。

りなりな：『2か月目の瞑想に入ってすぐに、紹介で深澤正樹さん・早苗さんのご夫妻が訪ねてきました。自分たちで、淡路島でゲストハウスをやる計画があり、4か月ほど宿泊業の実習をさせてくれないか、というのです。「勉強がてらだったら、アルバイトでどうですか？」ということになり、奥様には接客、旦那様には洗い場をお願いしました。

「卵乳製品アレルギーで食べられないので、まかないを私たちが作ってよいですか？」と言うので、ついでに希望するスタッフのまかない料理をお願いしました。食べてみると、美味しいし、なんかいい感覚になる。これが「ビーガン料理」というのは、はるかあとになってから知りました』

りなりなは、「次の当てもないのに料理人を解雇にした」と言っていました。でも旅館が生まれ変わった暁には早苗さんのような料理が理想だ、と気づいたようです。早苗さんは4か月でいなくなるので望めないけど、肉や魚がメインのいまの料理人の料理から脱出したい、という方向性が、早苗さんのおかげではっきりしたのでしょう。

りなりな：『日の出ツアーというのをやっていますが、冬至の日は特にエネルギーが強いような気がします。その日、料理長が何かやらかして、それが何だったかもうすっかり忘れていますが、普段だったらスルーしちゃうようなことだったと思います。天外塾で怒りっぽくなっているうえに、冬至のエネルギーを浴びているせいか、夜になってどんどん腹が立ってきて、料理長に電話してきてもらったのです。

怒りでいっぱいになっていたのに、目の前に来て、話し始めたらすごく淡々と、起こった出来事の話じゃなくて、そのときは何か腹から湧いてくるというか、こういうふうにしていきたいとか、これからのことを話し始めて、そしてその方向に行くとしたら、いま日本料理を作ってもらっているけど、お魚、お肉とかそういう食材を使わずに、やっていきたい、と。

料理長は「それはこの料理はもう出さないってことですよね？」って聞いてきた。私は、「はいそうです」と反射的に答えた。答えた自分にびっくりしましたね。頭で考えていることと違うことをしゃべっている感じです。この対話全体が、まったく頭を通過せずに、肚から言葉が出てきて、それが相手の肚に向かっていくみたいな、そういう流れを私の中で感じていました。

ミシュランに二度も載るくらいの評判で、それを一緒に作り上げてきた、という思いもありました。料理長も、ここに骨を埋めます、みたいな仁義のある方で、私の中で、いろいろと変えたい、でも壊すのも怖い、腕のいい料理長も手放したくない、という矛盾する思いの中で過ごしてきていたんですね。でも、料理長は私と同い年で、いずれ独立して自分の店を持ちたいという夢があることも知っていました。

でも何となく先に次の料理人を用意しといて、安心した状態で解雇するみたいな、そういうのはすごく嫌だ、みたいな……そういうところだけは純粋なんですね。だからもう駆け引きなしに、もうその瞬間に肚からでてきたことを全部喋らせてもらいました。彼がいずれお店を出したいっていうところも、すごく私の中でもわかっていたし、歯がゆかっただろうから、そこを応援したいっていうことも言って、すごく大きな分かち合いをして、「わかりました」って言って、その日はそれで終わりました。

ただし、年末は忙しいので、若い子にいうのは年明けにしましょう、と言って別れました』

「言葉が肚から出てくる」という表現は面白いですね。これは「天外塾」でのトレーニングがうまくいった証拠です。先に書いたことを再掲します（P46）。

天外塾では「ぐちゃぐちゃにしゃべる！」というのが原則です。世の中では、理路整然としゃべるのがいいと思われていますが、そうすると論理ばかりが表に出て、本音がどこかに行ってしまいます。要するに装ってしまうのです。装いを外して、心の奥底からの声が出るようにするためには、支離滅裂の発言をするという練習が必要になります。

脳科学的にいうと、理路整然としゃべっているとき、人は大脳新皮質の左脳だけが活性化しています。これは、論理と理性だけで閉じた、実世界とは切り離された美しい物語りになってしまうのです。一般に世の中では、人々はほとんどこういう表面的な対話をしています。言葉は交わしているのですが、心は全然通じていません。

心が通じる対話には、辺縁系など情動をつかさどる古い脳が活性化する必要があります。誰でもそういう瞬間はあり、心が通じるときもあるのですが、それが意識的にできるようになるためにはトレーニングが必要なのです。

宇宙の流れと共時性

りなりな：『年が明けて1月3日、フロアスタッフの若い子を集めて、年末にこんな話があった、と伝えました。料理長が、それを聞きつけて駆け込んできました。

「女将さん、あれ、本当だったんですか？」

……そうだよなぁ、本当だとは思わないよなぁ……と頭はグルグルしているのに、また肚から声が出てきて、「そうです」と言ってしまったんです。

「で、いつからです？」と、料理長。

……え、いつから？　……そういえば正月の間、このことは一切考えてなかった。このとき身体が二つに分かれている感じで、上半分はパニックになって「いつからなんて、わからない」とぐちゃぐちゃな感じなのに、ところが肚から下はどっしり坐っていて……。

そのうちに、声なき声が「節分には始まっていないと……」と言っているような感じで、また肚から声が出てきました。

「今月いっぱいです」

「ということは、1月31日までに在庫を終わらせるということですね」

「そうです」

……あれよあれよ、という間に決まってしまいました』

肚からの声に従いながら……

このとき、**りなりな**は、身体が二つに分裂しているようだと言っています。パニックになって、「これって解雇なのかな?」「お金はどうしよう?」「たいへんだ!」「いつからなんてわからない!」とグルグルしている頭の部分と、どっしりと静かに落ち着いている肚の部分です。そして、料理長とは肚と肚で対話をしているような感じだった、といいます。

そういう言葉を交わしたわけではないのですが、「これってチャレンジだよね」「うん、俺にとってもチャレンジだ」というやり取りをしていたような気がした、と言います。

このように、二つに分裂した身体について、コーチングの元祖でテニスコーチのT・ガルウェイは、「セルフ1」「セルフ2」と呼んでいます[8]。

たとえば、テニスをやっているとき、常に自分に語り掛けるもう一人の自分がいますね。「力むな!」とか「ボールから目を離すな!」とかだけでなく、反省も入ります。「パッシングを打たないでロブを上げればよかった」だの「決め球なのにつないでしまった」などです。これが「セルフ１」であり、**りなりな**は「頭」と呼び、脳科学的には理性と論理をつかさどる「大脳新皮質」に相当します。

それに対して、実際にプレーしているのが、「セルフ２」であり、どうすればいいかを全部知っている、といいます。**りなりな**はそれを「肚」と表現しており、脳科学では情動や無意識を司る「古い脳」に相当します。

テニスの試合では、「セルフ１」が饒舌《じょうぜつ》で「セルフ２」をコントロールしようとしているときには、まず試合に勝てません。いかに「セルフ１」を黙らせ、「セルフ２」にすべてを任せるかが、いいプレーをするコツです。その様子をT・ガルウェイは次のように言っています。

『「セルフ2」が集中しはじめると、まるで魔法のようなことが起きる。体が何の努力もなしに自分から動き始め、自我意識がどこかに消えてしまう。自己評価もない。不安や不信からくる過剰コントロールもない。この種の集中が起きているときは、心配や退屈も感じない。言葉で説明するのは難しいが、心はシンプルな状態で、奥底の

歓びを感じ、平凡な単純作業の最中でも純粋な驚きや想像を体験することがある。快く落ち着けるリズムが生まれ、急速に仕事が進むのもこういう状態の時だ（T・ガルウェイ、[8]、P112)』

もちろん、**りなりな**は、単に料理人と話していただけで、テニスをしていたわけではないので、ちょっと状況は違いますが、ほとんどこれと同じ状態になっていたと想像できます。

これが「宇宙の流れに乗る」という状態です。

全体がそちらに流れているので、いろいろな方面から、その流れを応援するような出来事が起きます。これを「共時性」といいます。

りなりな：『これが1月3日の朝8時の出来事です。2月3日からオープンするらしい、とまるで他人事のように感じていて、でも料理人もいなくなってどうするんだろうというふうに頭でまたぐるぐる考えていました。

午後1時に深澤夫妻から連絡があって、ちょっと話があるんですけどって話をしたら、実は淡路島でやろうかなと思っていたゲストハウスの計画が、どうやら消滅したようなので、もう少しここで働かせてもらえないか、という相談！

「えええええっ！」という感じ。

だって、ありえないよね。

わずか5時間前ですよ、来月からリニューアルオープンと決まったのは……』

共時性が起こった！

これが「宇宙の流れ」に乗ったことによる「共時性」です。**りなりな**が料理長と話したことと、深澤夫妻が進めていた淡路島のゲストハウスの計画が消滅したことは、何の因果関係もないのですが、まるで誰かが仕組んだように、着々と**りなりな**の構想が実現に向かって進んでいきます。

「宇宙的成功ストーリー」は、自分が関与したところ以外でも同じ方向に流れが進んでおり、それが次々に起きるので、本人もびっくりします。それが、「共時性」として見えます。もともと滔々と流れている流れの中に自分が入っていく、という感じです。

早苗さんの淡路島プロジェクトがなくなったというのも共時性ですが、その前にビーガン料理の名人の早苗さんがアルバイトに来たこととじたいが、ものすごい共時性です。りなりな自身は、自らが求めていた料理がビーガンとは知らなかったわけで、早苗さんはその情報とともに来てくれたので、まさに「宇宙の流れ」です。

一方で、**「古典的成功ストーリー」**だと、自分が動いたところだけしか流れが生まれることはありません。

りなりな：『早苗さんのまかない料理はビーガンなので、スタッフ全員が食べている訳ではないんですね。でも、じっくり観察していると、食べている子と食べてない子の感度がたった1か月くらいで全然変わってきた……食事の影響はものすごくあるんですね。

もう、この方向で行くしかないと腹を決めていました。でも早苗さんたちは淡路島でゲストハウスをやる予定。今回は、この方向を教えていただくためだけの出会いだった、そういうご縁だった、と割り切って考えていたんですね。

それが、料理長と話した5時間後に、突然淡路島のプロジェクトがなくなったという。こういうのを何ていうの？　棚から牡丹餅？（笑）』

実際に動いたのは、1月3日の5時間ですが、りなりなの中では、早苗さんの料理でスタッフの感覚が変わっていくのを1か月観察して、すでに方向性が熟成していたのだと思います。それが語られます。

りなりな：『私は料理長とは駆け引きみたいなことをせずに、私も一緒に崖っぷちに立って試練を受けようと、何かそういう感覚でいたので、次の人を決めたりとか、募集をしたりとかってそういうことをしないできたけれども、一つだけ決めていたことがありました。

誰が料理を作るにしても、誰がここの場に一緒にいるにしても、この場に来て、この料理を食べたら、その来た人たちの感覚が本来の自分の本質に還《かえ》り、自分が心の底で願っている方向に一歩踏み出していける。そういう場ができ、その場が作れる仲間がいて、そういう料理を出していきたいんだっていうことだけを決めていました。決めていた、というより、そういう方向に行くことが見えていた、という感じかもしれないな。

そしたら本当にその方向になっていく人との出会いとか、手放さなきゃいけないものが自然にはがれて、それがくるくるっとーか月ちょっとの間に決まって2月には「ご縁の杜」という形でオープンできることになりました』

どんどん肚が固まっていく感覚

２０１６年１月の天外塾でこの話を聞いて、ちょっとびっくりしました。瞑想ワークは料理長との関係性に焦点を当てており、そこが変わることを期待していました。**りなりな**が旅館のオペレーションを全面的に変えて精神性を重視したリトリートにしようという願望は、特に詳しくは聞いていなかったので、瞑想ワークとは違う方向へ進んだように見えました。

いま、こうやって全部を振り返ると、瞑想ワークによって「情動の蓋」が開き、結果としてそれまで心に秘めていたリトリート構想が表に出てきた、つまり瞑想ワークがとてもうまくいったのだ、ということがよくわかります。でも、そのときにはまだ解釈ができませんでした。

りなりな：『いつも２月は部屋の稼働率が、ほぼ１００％なんですよ。梅まつりもあるし。1月31日まで普通に営業して、2月1日と2日だけお休みして、看板だけ架け替えて3日から再開しました。予約を全部キャンセルしてね、親戚の旅館をご紹介したりして。

そうしたら、お客はほとんどいなくなった。1週間で数組くらい。「あれれっ？」という感じ。表面的には焦りましたよ。頭がグルグルして……。でも、旅館も静かになったけど、心も静かになって、肚は坐っていきました。

早苗さんの作る料理をホームページに載せたいので何といったらいいですか、と聞いたら「ビーガン」といわれて、「ビーガンって何ですか？」と聞くくらいのんびりしていた。でも、名前は知らなかったけど本質に戻って活力が上がって、何か一歩踏み込んでいくっていう料理だっていうことは感覚的にわかっていたので迷いはなかった。

常識的に見れば、おかしいでしょう、海のすぐそばなのに魚を出さずに野菜だけ。以前はステーキプランとか船盛プランとかいっぱいあったのに……。

最初のうちはお客さんも、魚や肉が出ないので「あれっ」という感じになるし、スタッフもすみませんとか、謝っていましたね。

早苗さんはお野菜と話ができるし、微生物ともお話しするんですね。お客さんの予約が入らない恐れがあるので、特注で肉や魚を出してもいいかな、と聞いたら、

「お肉やお魚も素晴らしいんですけれどもね。お野菜たちは人間の役に立とうと思っているけど、キッチンの中にお肉や魚さんの微生物さんがいると、主役を譲って、野菜たちは優しいから遠慮しちゃいます。動物性の菌がないと自分たちが主役だと思って、自分たちがこの人間たちの体を支えようと思ってすごいやる気が高まって活躍するんですよ」

野菜から聞こえる“言葉”を感じること

りなりな：『……もうやりたい思いど真ん中の言葉ばっかりが入ってくるわけですよ。で、どんどん肚は固まっていく……いいぞ、いいぞ、これでいい、という感じ。ところが、売り上げは激減。例年なら部屋の稼働率がほぼ100％で、ものすごく忙しい時期に暇！　頭は、また旅館に戻ろうか、というのが消えずグルグルしている状態。でも、次々に取材が入り、天外さんのメルマガも出て、引くに引けない状態になっていきました。そのうちにいろいろなセミナーが入り始めて、いつの間にか黒字に転換しました』

さて、以上が蛹の**りなりな**が蝶になってひらひらと飛んでいったストーリーです。決して順調ではなく、グルグル回る頭と、どっしり坐った肚の間で揺れながら、やっとこさっとこ羽根を広げた、という感じです。

コロナ禍の最中は宿を閉鎖していましたが、いまでは、多くの名の知られた講師が合宿セミナーを開く宿として人気を博しています。天外も年に2回は合宿セミナーを開いております。

4

りなりなのライフミッション

「ライフミッション」が表に出てきた！

さて、**りなりな**の変容の様子を**「情動の蓋を開ける」**という表現に焦点を当ててお伝えしました。

２０１５年10月の時点では、**りなりな**の心の奥底では、料理長に対する強烈な「怒り」を抱えていました。でもそれは、表には出さず必死に抑圧しておりました。

このときの抑圧している主役は**「理性」**です。「……とはいっても、料理は名人級だし、ちゃんときちっと料理はしてくれるし、旅館にとっては大切な存在だし……」と、理性と論理で判断して、「怒り」が表には出ないようにしていたのです。

それを、**「情動の蓋がきつく閉じている」**と表現しました。

前述のように、「あってはいけない」と抑圧した情動は、意識の表面からは消えますが、無意識レベルで巨大化し「シャドーのモンスター」になります（1章、P23、巻頭のモンスター図参照）。つまり、**りなりな**の「怒りの情動」は、かえって巨大化して本人を苦しめている状態になっていました。

1か月の**「天敵瞑想」**により、ようやく「情動の蓋」が開いて、「怒りの情動」が外に出てきました。「見るもの聞くもの、すべてに腹が立ってきちゃって」と**りなりな**は言っています（P50）。普通は、「怒り」が出てきたら、よくない状態になってしまった……と思いますが、そうではなく、瞑想ワークとしては大成功なのです。

「天敵瞑想」2か月目に入って、すぐに深澤夫妻がアルバイトに来ました。これは、強烈な**「共時性」**です。この時点で**りなりな**は**「宇宙の流れ」**に乗っており、すでに「シャドーのモンスター」としっかり対峙して、**「実存的変容」**が起きはじめていた、と判断できます。

「情動の蓋」が開いて、「シャドーのモンスター」に対峙、「実存的変容」を経て、**りなりな**は**「人生に変化が起こる場」**でありたい、という心の底からの願望に向かいました。これは何かというと**「ライフミッション」**に**ようやくたどり着いた**、ということになります。どういうことか、いまからご説明します。

由佐美加子《ゆさみかこ》は、「シャドーのモンスター」を表の現象面から紐解き、4つの否定的な信念体系に集約できることを発見して、**「メンタルモデル」**と名づけました[9]。

いずれも「痛み」を二度と体験しないように、心の奥底に無自覚に張り巡らした否定的な信念体系で、それが4つに分類できる、というのです。ある意味では、「痛み」を体験しないようにという防波堤なのですが、その回避行動により、不本意な現実に遭遇してしまう……というのが由佐美加子のセオリーです。

由佐美加子はまた、4つのメンタルモデルのちょうど裏側に、「命を懸けて、この人類社会にもたらしたい使命」あるいは「これをやるために生まれてきた」といえるような役割が潜んでいることを発見し、それを**「ライフミッション」**と名付けました。

メンタルモデルに支配されている間は、ちょっと辛い人生になりますが、逆にその経験が「ライフミッション」を遂行するときにとても役立つ、という何とも美しい宇宙の構造になっているようです。メンタルモデルに支配されている人生から、「ライフミッション」を遂行する人生への変容が、本書でいう**「実存的変容」**です。

りなりなは前述のように、2015年10月から翌年2月にかけて「実存的変容」を体験され、「ライフミッション」を遂行する人生へと歩みを進めました。

【りなりなのライフミッション】

人がこの場に来て、ここの料理を食べたら、その来た人たちの感覚が本来の自分の本質に還り、自分が心の底で願っている方向に一歩踏み出していける。そういう場ができ、その場が作れる仲間がいて、そういう料理を出していきたい！

これは結局、そこに来た人が、料理を食べて、しばらくそこにいるだけで軽く「実存的変容」へ一歩を踏み出す「場」を作りたい、ということでしょう。天外が、「天外塾」という場で、様々なワークを駆使してやっていることを、**りなりな**は料理と「場」の力で成し遂げようとしているのかもしれません。

その意味では、**りなりな**と天外の「ライフミッション」は、ほとんど同じ方向性を持っている、ということになります。同じ方向性ですが、言語的な表現は変わります。「ライフミッション」は、どうやら一人ひとり全部言語的表現が違うようなのです。

「実存的変容」から「ライフミッション」へ

「ライフミッション」に行くのを妨げているもの

「天外塾」も、2005年にスタートしたときには、経営塾でした。創業期のソニーが実行していた「フロー経営」をお伝えするセミナーだったのです。ところがいつの間にか、経営者に限らず、あらゆる人の「実存的変容」をお手伝いする塾に変わっていました。

これが天外の「ライフミッション」になっていることは、じつは、由佐美加子に指摘されるまで気づきませんでした。「ライフミッション」なので、20年たっても一向に飽きることなく、ますます情熱を燃やして日々工夫を凝らしています。

さて、**りなりな**は、首尾よく「ライフミッション」にたどり着きましたが、それまでそこに行くのを妨げていたのは何だったのでしょうか？

前章で取り上げた本人の言葉から引用します（P45）。

「……でもやっぱり、売上・利益・部屋稼働率・高級旅館・他の旅館に負けないように……」

これは全部「シャドーのモンスター」の推進力です。前述のように、「こうあってはいけない」と無意識レベルに抑圧した情動や衝動が巨大化したのが「シャドーのモンスター」です（1章、P19）。1章では、そこから「嫌悪感」が湧きあがってくる、と述べました。それだけではなく、**りなりな**が料理長に抱いていたような「怒り」も、一般的にここから出てきます。

「シャドーのモンスター」はまた、**「自己否定観」の源**です。そこから「怖れと不安」が出てきます。それから逃れよう、何とかそこから脱出しようとして、「努力」「頑張り」「向上意欲」などにつながります［2］。

ものすごくポジティブな、「努力」「頑張り」「向上意欲」などが、ものすごくネガティブな「シャドーのモンスター」から出てくることにご注意ください。

「シャドーのモンスター」とは**「戦う力」の源**でもあります。人は「自己否定観」を克服するため戦おうとする傾向が出てきます。世の中のあらゆる戦い・争いは全部「シャドーのモンスター」から出てきます。「競争」も「戦う力」の発揮のひとつです。

売上げ・利益・部屋稼働率を上げよう、というのは「努力」や「頑張り」だし、他の旅館に負けないようにというのは「競争」ですね。ともに、「シャドーのモンスター」の「戦う力」の発揮です。

一方の、「ライフミッション」は、どこから出てくるのでしょうか。巻頭のモンスター図を見ていただくと、いちばん下の**「真我（アートマン）」**が源です。「真我」の基本特性は、キリスト教でいう**「神のアガペー」**、仏教でいう**「仏の慈悲」**、あるいは「仏性」などで、**「無条件の愛」**ですが、そこから「融和力」や「共感力」などが出てきます。

本書では、「シャドーのモンスター」の推進力をガソリンエンジンに、「真我」の推進力をモーターにたとえ、ハイブリッドカーのように人間にも二つの推進力がある、というモデルを採用しています。

一方、本章冒頭では、**りなりな**が料理長に対する「怒り」を理性で抑えていた、と述べました。「理性」というのは、巻頭のモンスター図では「超自我」に相当します。親のしつけや社会とのインターラクションの中でつちかった「倫理観」や「道徳観」です。あるいは、「こうあるべきだ」と規制した自らの姿**「ペルソナ（仮面）」**も含まれるかもしれません。

つまり、**りなりな**が最初に取り組んだ「天敵瞑想」では、「シャドーのモンスター」が源の、ネガティブな「怒り」を、理性である「超自我」や「ペルソナ」で抑え込んでいた状態からの解放でした。

「ライフミッション」への目覚めでは、「真我」が源の、きわめてポジティブな「ライフミッション」を、「シャドーのモンスター」による「怖れと不安」で抑え込んでいたことになります。

同じように「情動の蓋」が開いた結果なのですが、何が何を抑圧していたか、というステップが違います。

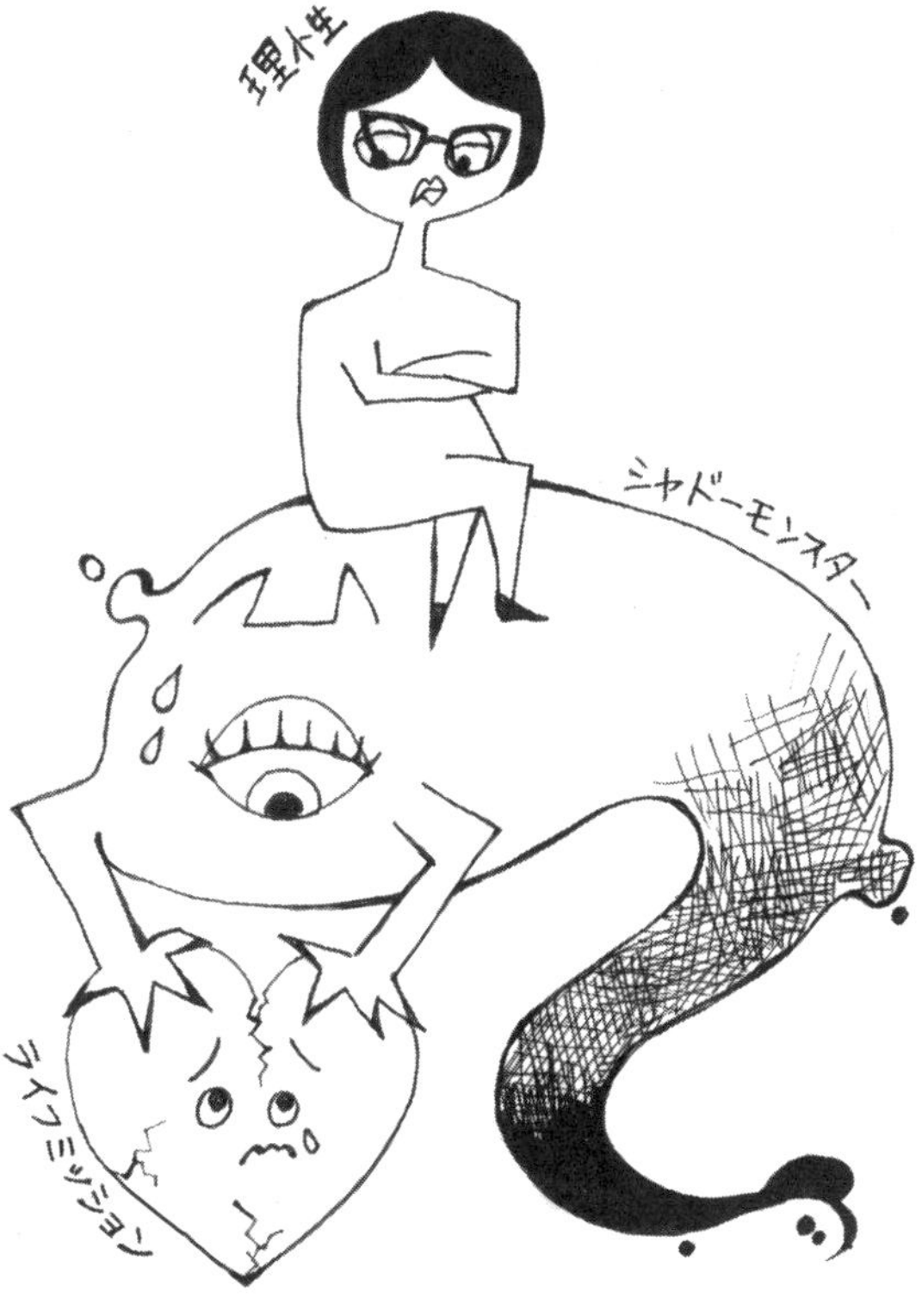

理性（超自我＋ペルソナ）がシャドーのモンスターを押さえつける！

対決構造❶

市場規範「自我（エゴ）」⇔ 社会規範「ペルソナ」＋「超自我」

対決構造❷

こうあってはいけない
「シャドーのモンスター」
（抑圧されたネガティブな衝動・情動が浮上）

⇔「自我」が調整 → 行動

こうあるべきだ
「ペルソナ」＋「超自我」
（仮面）＋（倫理観・道徳観）

対決構造❸

戦う力
「シャドーのモンスター」
（ガソリンエンジン）

⇔

融和力・共感力
「真我（アートマン）」
（モーター）

もちろん最初の怒りの解放で、「シャドーのモンスター」が少しおとなしくなったので、その次の「ライフミッション」の解放につながったのは明らかです。

少しややこしいので図面で整理しましょう（前項参照）。

この図の対立構造❶は、意識レベルでの「いい・悪い」の話です。私たちは多くの場合、このレベルで判断しています。どちらにハンドルを切るかという方向性ですね。

対立構造❷は、まさに**りなりな**が理性（「超自我」＋「ペルソナ」）で「怒り」を「シャドーのモンスター」に抑圧しているパターンを表しております。理性は方向性ですが、「シャドーのモンスター」の推進力を弱めるブレーキになっています。

最後の対立構造❸が、「真我」のレベルの「ライフミッション」を「シャドーのモンスター」の「怖れと不安」で抑圧している状態を表しています。これが、ハイリッドカーのガソリンエンジンとモーターのモデルです。両方ともに推進力です。

いま、世の中ほとんどの人がガソリンエンジンで走っています。もちろん、ハイブリッドカーですので、ときどきはモーターも回ります。いわば、「真我」がほとんど眠っている状態です。皆がそうなので、特におかしいとは感じません。「怖れと不安」に駆られて、売り上げや利益を必死に追求する姿は当たり前ですよね。

少し、ガソリンエンジンの出力を絞ると、モーターが回る頻度が増えるでしょう。それが意識の変容のプロセスです。

りなりなの場合には、「情動の蓋」を閉じて、理性（「超自我」＋「ペルソナ」）で料理長に対する「怒り」を抑えていました。前述のごとく、モンスターは抑圧すると巨大化するので、別の表現をすれば、表面的には静かですが、ガソリンエンジンが暗闇の中で勢い良く回っている状態だった、といえましょう。


1か月の「天敵瞑想」で、理性の抑圧が外れて「怒り」が外に出てきたということは、表面的には荒れていますが、暗闇に光が入り、ガソリンエンジンの回転が少し弱まった状態になりました。

そうすると、「シャドーのモンスター」（ガソリンエンジン）に抑圧されていた「真我」が目覚め、モーターが少しずつ回り始め、「ライフミッション」が遂行できるようになる、という原理です。

したがって、料理長に対する「怒り」が外に出たことと、「ライフミッション」に目覚めたことは一連の流れであり、無関係ではありません。

さらにもう少し詳しくいうと、「怒り」そのものもモンスター化しており、たまま料理長にそれを投影しておりましたが、料理長が「怒り」の原因ではありません。たとえ料理長がいなくなっても、「怒り」のモンスターはそのままであり、単に投影する相手が変わるだけです。このあたりは、1章で述べた「天敵」を投影で作っている、というのと同じ話です。

だから、「天敵瞑想」で「情動の蓋」が開いたら、**りなりな**がやたらめったら怒りが湧いてきたというのは、ごく自然な現象です。

以上の考察から、「実存的変容」というのは、以下の推進力のシフトだ、ということがおわかりいただけると思います

ガソリンエンジン（シャドーのモンスター）↓　モーター（真我）

さて、「メンタルモデル」ですが、由佐美加子は一人ひとりの回避行動を紐解くことによって、変容につなげる、というワークをしてこられました。これはSNSで公開もしていたので、見られた方も多いでしょう。

それに対して天外は、4つのメンタルモデルそれぞれに対応した**「スートラ（祈りの言葉）」**を造り、毎朝・毎晩瞑想に入って「スートラ」を唱えるというワークを開発しました［9］。

これはとても効果があり、早い人は数か月でお仕着せの「スートラ」ではなく、自分にぴったりの「スートラ」が降りてきます。しかもその中に「メンタルモデル・スートラ」ではなく「ライフミッション・スートラ」にシフトしておられる方がいらっしゃいます。これは「スートラ瞑想」を続けているうちに前述のガソリンエンジンからモーターへの推進力シフトが起きた証拠です。

皆さんに降りてきた「スートラ」のうち、一般的なものを採用させていただいて、公開しています。いま、かなり多くの方がこの瞑想を実行しておられると思います。

2章でご紹介した忌部さんの言葉は、メンタルモデル瞑想で降りてきた言葉ではないのですが、その中に含めてご紹介させていただいております。とても人気がある「スートラ」になっており、多くの方がこれを使って瞑想ワークをしておられます。

これは「ライフミッション・スートラ」ではなく「メンタルモデル・スートラ」ですが、これの優れているところは、すべてのメンタルモデルの要素を含んでおり、ほとんどの方にピッタリくるところです。

この「スートラ」で瞑想ワークを続けてこられた方が、さらに改良した「スートラ」を作ってくれました。ここまでくると、もう「メンタルモデル瞑想」というよりは、新しい瞑想ワークととらえてもいいので、それを中心に8章で説明します。

忌部直宏さんの「メンタルモデル・スートラ」

私は、ダメな自分がいてもいい
弱い自分がいてもいい
人の役に立てなくてもいい
それでも私は、愛されているから
守られているから
皆が助けてくれるから

5

りなりなは21世紀の妙好人か？

「他力本願」の教え

「あけわたし」による「実存的変容」は、**りなりな**以外にも「天外塾」では何人か出ています。いずれも女性で、キリスト教の熱心な信者もいらっしゃいました。

その方は、遺産相続のドロドロの関係性の中で、「あけわたし」を達成されて、劇的な解決をされましたが、残念ながらプライバシーの関係で、ここでは公開できません。

しかしながら、いまの状況から脱出するヒントを聖書の言葉の中から見出したり、どんなに酷い状況になっても神様が自分を見捨てる訳はない、という強固な信仰心が支えになっていることがよくわかりました。

さらには、「神」という「あけわたし」の対象があったほうが、変容しやすかったのでしょう。

その意味では、教義そのものが「あけわたし」になっているのが、浄土宗・浄土真宗の「他力の教え」です。

一般に**「他力本願」**というと、自ら努力することを怠って誰かに依存する、あるいは成り行き任せにして放任する、などネガティブな意味で使われます。ところが宗教的な意味での「他力の教え」は、そうではなく、**自らの努力の限界を知り、すべての人類を救ってくださる阿弥陀如来に全面的にゆだねなさい**、という教えです。

その背景には、阿弥陀如来になる前の法蔵菩薩時代に「すべての人類が救われるまで、自分は如来にはならない」という「四十八の誓願」を立て、それが全部聞き入れられたので如来(仏)になった、というストーリーがあります。法蔵菩薩の請願が聞き入れられたということは、あなたも救われる、ということですよ……というのがミソです。

ここで「救われる」というのは、徹底的な「あけわたし」により、絶対的な心の安《あん》寧《ねい》を得る、という感じでしょうか。あるいは、死んだら「極楽浄土」に行ける、という解釈もありそうです。

この「他力の教え」では、「煩悩を減らしなさい」とか「執着を捨てなさい」とかは一切いっておりません。あなたは、いまのままで何も変わる必要はないですよ、そのままで救われます、というのが基本的なメッセージです。

「あなたは、どうせ煩悩にまみれ、執着が強く、嘘もつくし、嫉妬もするし、悪行の限りを尽くしてきた悪人でしょう。でも、安心してください。そんなあなたでも、阿弥陀如来はちゃんと救ってくれますよ。そのためには、ただひたすら南無阿弥陀仏と称えなさい」

……これはまさに**「ダメ人間のススメ」**ではないでしょうか。

「他力の教え」では、いまの社会で盛んに奨励されている「修行」「成長」「努力」「頑張り」「向上意欲」などは一切求めていません。

「成長」というのは、とてもポジティブな言葉ですが、他人から強制されても自分で思い立っても、現在の自分を否定しています。したがって、とてもネガティブな「自己否定観」が源になっています。「努力」「頑張り」「向上意欲」も前述のように、「自己否定観」をベースにしており、「シャドーのモンスター」の推進力を使います（4章、P80）。

いまの世の中では、ちょっとでも前に進もうと思うとき、人々はすかさず「シャドーのモンスター」の推進力を使いますが、「他力の教え」というのは徹底的にそれを避けようとしているのがよくわかります。要するに、モーター（真我）の推進力だけを磨こうとしているのです。

このように、世の中の常識とは違うので、「努力もしないで他人頼み」という誤解を受けるのでしょう。でも、こうやって深層心理学から紐解いていくと、「他力の教え」の素晴らしさが納得できるのではないでしょうか。

「修行」も「成長」も「努力」もしないで、いったい何するのかというと、ひたすら「あけわたし」です。その「あけわたし」の対象が阿弥陀如来なのです。

仏教の教義とは違いますが（仏教では「我」の存在を認めていない）、何をあけわたすかというと、心理学では「自我（エゴ）」ということになります。下記に「自我」の基本特性を示します。「エゴ丸出し」という言葉にあるように、次の1～5は自己

自我（エゴ）の基本特性

1. 際限なく肥大し、支配できる範囲を拡大しようとする。
2. 他から管理され、支配されることを嫌う。
3. 自分以外のすべての外界や人を、基本的には嫌う。
4. すべてを自分の利益や快適さへの貢献という価値観から発想し、取引をする。自己中心的。
5. 愛はなく、執着のみ。
6. シャドーのモンスターから昇ってくる原初的な衝動と、「こうあるべきだ」という「超自我」や「ペルソナ」の規制を調整し、実行する行動を定める。

中心的な特性を上げています。6はそれとは別に調整機能もあるということです。

私たちは日頃、このような自己中心的な「自我（エゴ）」をベースに生きています。しかしながら、そのままでは、それこそ「エゴ丸出し」で嫌われてしまいます。人間というのは、社会的な動物ですので、理性（「超自我」＋「ペルソナ」）でコントロールして、あまり自己中には見えないように上手に装って生活しています。

「他力の教え」というのは、じたばたしてもしょうがない、どうせ阿弥陀如来が救ってくださるのだから、と自己中心的な「自我」の働きを放棄して「あけわたし」てしまう、という感じでしょう。


巻頭のモンスター図を見ていただくと、「自我」というのは「意識層」に描いてありますが、裾は境界を越えて「無意識層」に広がっています。これは前ページのコラムのような特性を持っていますが、どちらかというとハンドルをどちらに切るかという方向性であり、推進力ではありません。

しかしながら、「自我」の自己中心的な特性も、理性（「超自我」＋「ペルソナ」）

で抑圧するので、無意識レベルで巨大化して、「シャドーのモンスター」として推進力になっています。

この推進力のまま走ると「エゴ丸出し」になりますので、前述のように私たちは理性（「超自我」＋「ペルソナ」）でブレーキをかけて、まともな社会生活を営んでいるのです。それがまた抑圧になります。

人間が行動するときの推進力は、何度も述べているガソリンエンジン＝**「シャドーのモンスター」**であり、「自己否定観」を源とする「怖れと不安」に追い立てられるように走り出すのです。発揮するのは「戦う力」です。

どこに向かって走るかというと、企業なら売上げ・利益・規模の追求、個人ならお金・地位・名誉・評判の追求になります。当然、他社・他人と比較して自ら競争に駆り立てられます。一般的には、**「いい学校」⇩「いい会社」⇩「出世」⇩「お金持ち」**……といった「古典的成功ストーリー」を追う人生になります。

投影して「天敵」を作る源も、あらゆる争いや戦いの源もこの「シャドーのモンスター」です。「あけわたし」というのは、このような「シャドーのモンスター」の推進力を使わなくなることであり、ガソリンエンジンの出力を絞ることに相当します。モーターがしっかり回るようになると、ガソリンエンジンの「エゴ丸出し」は発揮されませんので、もう理性（「超自我」＋「ペルソナ」）でブレーキをかける必要がなくなります。教育でいえば、道徳教育は不要になります。

「結果に対する執着」を手放す

もうひとつ、「あけわたし」の大切なポイントは、**「結果に対する執着」**を手放すことです。

まえがきでは、「でっかい蛹」になる目標に向かって努力をした蛹が「蝶」になり損なう、というお伽話をしました。「自らの計画」が「神の計画」の邪魔をしてしまうのです。

たとえば、家を建てるときには電気工事とか左官とか、いろいろな工事業者が次々に交代で入りますので、きっちりと計画を立てないと全体はうまく動きません。

ところが私たちは、そういう実務的な計画とは違う、漠然と「こうなりたい」という計画を立てます。「でっかい蛹」というのが、そのひとつの例です。企業における「事業計画」というのもその範疇に入ります。「事業計画」は必達!……と、皆ねじり鉢巻きで頑張るので「結果に対する執着」そのものですね。

詳しく分析すると、この種の計画は「未来に対する不安」を解消するために立てており、その源は「シャドーのモンスター」から出てくる「怖れと不安」です。

だから、「実存的変容」を経た人が運営する「ティール組織」では「事業計画」はなく、「行き当たりばったり」の「成り行き任せ経営」になります【1】。

「結果に対する執着」がないということは、何が起きようとも、それをすべて受け入れる、ということです。「他力の教え」なら、すべては「阿弥陀如来のはからい」だと解釈されます。

じつは、「宇宙の流れ」には「いい」も「悪い」もありません。起きることが起きるだけです。「いい・悪い」というのは「自我」が下す短期的な判断であり、評価であり、そういうレッテルを張っているだけです。

現実に、「なんて酷いことが起きたんだ!」と嘆いていると、それが幸運の種だった、というようなことが頻繁に起きています。それを中国の故事では「人間万事塞翁が馬《じんかんばんじさいおうがうま》」といいます。

人間というのは、淡々と流れる「宇宙の流れ」に、勝手に「いい」とか「悪い」というレッテルを張って、一喜一憂、すったもんだしている悲しい、あるいは滑稽な生き物なのです。

「他力の教え」では、阿弥陀如来に「あけわたし」て、すべてをゆだねてしまえば、すったもんだしなくなります。起きた出来事に「いい／悪い」のレッテルを張らなくなるとともに、これから起きることに対する「怖れと不安」もなくなるので、将来に対する準備もしなくなり、下手な計画も立てなくなります。

りなりなの場合にも、料理長を解雇にするとき、自分も一緒にがけっぷちに追い込みました。3章から引用します。

料理長とは駆け引きみたいなことをせずに、私も一緒に崖っぷちに立って試練を受けようと、何かそういう感覚でいたので、次の人を決めたりとか、募集をしたりとかってそういうことをしないできた（3章、P63）。

ここで大事なのは、**「将来に対する準備をしないこと」**です。普通は「ちゃんと準備をしなさい」といわれますので、これは世の中の常識の真逆です。

もし、**りなりな**が、料理人を解雇にする前に次の料理人を探し始めていたら、早苗さんの淡路島のプロジェクトが頓挫して、彼女が次の料理長になる、という「共時性」は起きなかったでしょう。なぜなら、それは「あけわたし」ではないからです。

もちろん「運命」に「もし」はないので、こういう断定に不快感を持たれる方もいらっしゃると思います。後述しますが私はこれが「宇宙の法則」だと信じています。

すべてを「あけわたし」て、料理人と一緒にがけっぷちに立ったので、「共時性」が起きたのです。

つまり、次の料理人の準備をしてから料理長を解雇していたら、それは「あけわたし」ではなく、「実存的変容」を超えていない蛹のままな訳ですね。その状態で崖から飛び降りたら、下に落ちて死んでしまいます。**りなりな**は、蝶に変容していたので落ちずに飛んでいけたのです。変容したかどうかは、「共時性」が起きるかどうかで判断できます。

このあたりは、どうあがいてもサイエンティフィックな説明ができないので、むしろ「阿弥陀如来のはからい」という宗教的な説明の方がぴったりくるかもしれません。「阿弥陀如来」を全面的に信頼して、準備をしないで自分がどうなるかをゆだねてしまうと阿弥陀如来がそれに応えて「共時性」を起こしてくれる……準備をしてしまうと阿弥陀如来を信頼していないということなので、阿弥陀如来はその「不信頼」に応えて不本意な現実を見せてくれる、という感じでしょうか。

この、とても不思議な秘密は、まえがきの冒頭に書きました。それをもう一度掲載します。

「思い通り」にしようとする気持ちを完全に消し去るのが、本書のタイトルの「あけわたし」なのですが、そうするとかえってものごとがトントン拍子に進み「思い通り」になる……という世の中でほとんど知られていない、ちょっと天邪鬼な、そしてとっても不思議な秘密があります。（まえがき）

「まえがき」で、これをお読みいただいたときには、チンプンカンプンだったかもしれませんが、ここまでご説明すればご理解いただけたのではないかと思います。要するに「自らの計画や目標」をなくし、「自らのはからい」から離れ、「どうにでもなれ！」と放り出してしまうことにより、「宇宙の流れ」に乗れるようになるのです。

当然のことながら、「こうすればよかった」「ああすればよかった」という反省はなくなります。また、「あいつのせいでうまくいかなかった」というような、人のせいにすることもありません。自分のせいにもしません。

反省したり、誰かのせいにしたりすることは、「宇宙の流れ」、あるいは「運命の流れ」を信頼していない証拠であり、宇宙に「信頼していないぞ」というメッセージを発信していることになります。

そうすると「宇宙」は、これがあなたの好きな「信頼できない宇宙」ですよと、ちゃんと不本意な現実を用意してくれます（阿弥陀如来のかわりに「宇宙」という言葉で説明してみました）。

「他力の教え」では、何が起きてもすべて「阿弥陀如来のおはからい」と解釈するので、反省することもなく、人のせいにすることもありません。「不運」という概念が、そもそもないのです。

徹底的に「ダメ人間」を自覚する

幕末から明治の初期にかけて、このような「他力の教え」に徹底して一生を捧げた、妙好人と呼ばれる人たちが浄土真宗の信者に大勢出現しました。

具体的には、「因幡《いなば》の源左《げんざ》」「石見の浅原才市《あさはらさいち》」「讃岐《さぬき》の庄松《しょうまつ》」「六連島《むつれじま》のおかる」「三河のおその」「大和の清九郎」など、限られた人に対して、「妙好人伝」として、繰り返し、その言動は伝えられてきました。

困難に出あっても、お慈悲に抱かれたわが身を、「おらにゃ苦があって苦がないだけえのう」「お慈悲の力は強いでなあ」と語り、何ごとも「ようこそようこそ」と感謝しつつ生きた因幡（鳥取県）の源左。

阿弥陀さまの光明に照らされた自分を「あさましあさまし」と恥じながら、その私をお救いくださる阿弥陀さまのお慈悲に出あって、「うれしうれし生きるがうれし、なむあみだぶつ」といのちの喜びを詠《よ》んだ石見（島根県）の浅原才市。

「おも荷背負ふて山坂すれど、ご恩思へば苦にならず」とうたった長門六連島（山口県）のおかる、などの生きざまです。

源左
妙好人
才市
おかる

2章でご紹介した禅宗の鈴木大拙の著書『妙好人』【7】は、宗教的に、また心理学的に妙好人の実態を深掘りしています。

そのひとつの特徴は、徹底的に自らを「ダメ人間」として自覚していることです。たとえば、「因幡の源左」の次の言葉はよく知られています。

「誰が悪いの、かれが悪いのちゅうても、この源左ほど悪いやつはないでのう。その悪い源左を一番に助けるとおっしゃるで、他のものが助からんはずはないだがやぁ。有難いのう」

もし、「ダメ人間のススメ」という本を書くとしたら（2章）、最初に妙好人を紹介しなければいけないと思うほど、皆さん見事に「ダメ人間」をさらしています（笑）。浄土真宗の「他力」は8万4000の煩悩をそのままにしてそこに突入してくるという教えです【7】。だから、誰も装う必要はまったくないのです。

もう一つは、自分はこんなにも「ダメ人間」なのに、阿弥陀如来は救ってくださる、

「ありがたい」「もったいない」「かたじけない」と、宗教的法悦の中に浸る感じです。これはもう「あけわたし」の極致ですね！

すべてが「阿弥陀如来のはからい」と信じているので、あらゆることに感謝してしまうので、底抜けに「善意の人」に映ります。

巷では、妙好人を「ナムアミダブツと称えていたら悟りを開いた人」と表現することもありますが、浄土真宗ではそうは言ってはおりません。阿弥陀如来の「四十八の請願」の中には、いわゆる超能力に属する力がたくさん含まれており、それが究極の**「悟り」＝究竟《ぎょう》涅槃《ねはん》の姿**なのでしょう。妙好人はそこまでは到達していないのは明らかです。

私の眼には、妙好人こそ「実存的変容」を経た人の姿に見えます。それまで「あってはいけない」と抑圧してきた「シャドーのモンスター」を浮上させ、直面できているので、「ダメ人間」をさらせています。

「シャドーのモンスター」と直面できると、それを源とする「怖れと不安」に追い立てられることが少なくなり、「真我」の推進力で走れるようになります。

ガソリンエンジン　⇩　モーター

……という推進力のシフトが起きているのです。

つまり、**りなりな**に起きたことは、心理学的には妙好人とまったく同じではないかと思われます。浄土真宗はあくまでも宗教なので阿弥陀如来信仰以外で「実存的変容」を起こした人を妙好人とは呼ばないでしょう。私はもう少し広く妙好人を定義してもいいのではないかと思います。

現に一連の妙好人が報告されてほぼ100年になり、その後はあたかも出現していないような印象になっています。もし定義を広げることが許されるならば、かなりの数が出現しており、それはキリスト教の信者にも、まったく宗教と無関係でも出現しているのではないかと思います。

本書をきっかけにして**「現代の妙好人」**が人々の話題に上るようになると嬉しく思います。

6

人の意識の成長パターン

人の意識はどのように変化するのか？

私たちは、オギャアと生まれて身体はどんどん成長し、やがて老いて死に至ります。これは誰にとっても当たり前の事実ですね。それと同じように、じつは意識も着々と成長していきますが、それは目に見えないので、とらえどころがなく、しかも個人差が大きいので記述が難しくなります。

巻頭の**「意識の成長・発達のサイクル図」**は、インド文化を西洋に紹介したセイロン（スリランカ）の形而上学者、アーナンダ・クーマラスワミ（1877〜1947）の提案を基にケン・ウイルバーが改良し、さらに天外がフレデリック・ラルー、ロバート・キーガン、クレア・W・グレイブスなどの提案を入れ込んで改良した**「人の意識の成長・発達」**の基本パターンです。

一人ひとりの意識の成長は、必ずしもこの通りではないのですが、これを基に議論するとわかりやすいので、私は**「参照モデル」**と呼んでいます。

これに沿って、人の意識の成長・発達のパターンを見ていきましょう。

まず、全般的には「自我」が発達以前の「前個」のレベル、「自我」が成長していく「個」のレベル、「自我」を超えていく「超個」のレベルなどの3つのレベルに大きく分かれます。

さしあたり、本書の「あけわたし」をご説明するためには、「個」のレベルだけに注目すればよさそうです。これに関しては、フロイト、ユングなどの古典的な深層心理学で説明しつくされているので、それを簡単にご紹介しましょう。

私たちは、自分の身体を対象物として客観的に眺めることができますね。これは、身体から分離した「私」という概念があるためです。その概念の主人公が、5章で述べた「自我」です。

生まれたばかりの赤ちゃんは、自分と他人、自分と世界が分離していません。やがて、次第に分離が進み、身体と分離した「自我」が最初に現れた状態が、**「レッド（初期自我）」**です。この状態では、「シャドーのモンスター」から出てくる動物的な欲求がそのまま行動に現れますので、それこそ「エゴ丸出し」になります。

赤ちゃんが「エゴ丸出し」なのは、微笑ましく、可愛いらしいですが、大人になっても「レッド（初期自我）」から成長できていない人は、犯罪者になるか、嫌われ者になるでしょう。

赤ちゃんが、ちょっと育ってくると、親は懸命にしつけを始めますね。赤ちゃんの方もどうしたら親に気に入ってもらえるか、親の意に添うように自らをコントロールするようになります。そして育ってくるのが**「超自我」**です。巻頭のモンスター図では、「倫理観」「道徳観」と書いてありますが、全般的には社会に適合することを学んでいくのです。この状態が**「アンバー（中期自我）」**です。原初的な動物的な欲求を「超自我」でコントロールして、親から見たら「いい子」、人間集団の中でも「いい人」が演じられるレベルです。

ただし、まだ親や大人に対する依存が残っています。幼児期に親に対する依存があることは自然であり、むしろ依存がないと「愛着形成」に問題が生じます。しかしながら、大人になっても依存が残っている人も結構多く、必ずしも社会的に健全とはいえません。

反抗期などを経て、依存を断ち切って独立した自我を獲得した状態が**「オレンジ（後期自我）」**です。いま、社会全体が「オレンジ」ですので、指導的な立場にある人は、ほとんど「オレンジ」のレベルに達しています。

しかしながら、人格形成の途上、「こうあってはいけない」と無意識レベルに抑圧した情動や衝動が巨大に膨れ上がって「シャドーのモンスター」となっており、その支配下にあります。前述のように、「シャドーのモンスター」は「自己否定観」の源であり、そこから「怖れと不安」が出てきます。

「怖れと不安」は、強力な推進力であり、本書では、ガソリンエンジンにたとえています。

「自己否定観」は、「いまのままではいけない！」「何とかしないと敗残者になる！」など、「成長」への意欲となり、「怖れと不安」が「努力」「頑張り」「向上意欲」などを産みます。

「オレンジ」レベルの人は、ガソリンエンジンをブイブイ回して、社会の中でのし上がろうと、あるいは何かを獲得しようと、勢いよく走りだします。個人だと、富、名誉、名声、地位などを追い求めたり、マイホーム、いい車を獲得すべく走ったり、企業だったら売上げ・利益・規模拡大などの追求に向かったりします。

ガソリンエンジンのパワーは**「戦う力」**です。

富や名誉を追うのも戦いだし、マイホームを獲得するのも戦いです。企業だと企業戦士が戦って競争に勝ち抜いていきます。

当然、普通の戦いも争いもすべてガソリンエンジンをふかします。

「シャドーのモンスター」はまた、投影して「天敵」を作る源です。さらには、「怒り」や「悲しみ」の源でもあります。前述のように、私たちは外側の何かの要因によって

「怒り」が発生したと思いますが、それは錯覚であり、元々内部に抱えていた不快な「怒りのモンスター」を吐き出す対象を引き寄せているだけです。

りなりなの場合には、「怒りのモンスター」を吐き出す相手として料理長がいたのですが、その怒りの発揮を「超自我」（理性）で抑えていました。情動の蓋をきつく締めていた状態だったのです。

りなりなの「真我」の目覚め

天外塾のワークで、情動の蓋が少しゆるみ、料理長に対するうっぷんを口にすることができました。その後、「天敵瞑想」を毎朝・毎晩実施することにより、情動の蓋が開き、「怒りのモンスター」を周囲にまき散らすようになりました。

これは、強力に抑圧していた「シャドーのモンスター」が表に出てきたことになります。「シャドーのモンスター」というのは、無意識の闇の中で巨大化して生息していますが、浮上させ、直面出来ると縮小します。つまり、闇の中だとガソリンエンジンがブンブンと勢い良く回っているのですが、光が当たると出力が絞られます。**りなりな**が、「天敵瞑想」を1か月続けたら、やたらに怒りがわいてきたというのは、「シャドーのモンスター」に光が当たって、ガソリンエンジンの出力が絞られていることに相当します。

そうすると、さらにその奥に生息していた**「真我」**が目覚めてきます（巻頭のモンスター図参照）。これをモーターが少しずつ回り始める、と表現しています。モーターだけでも何とか走れるようになることが「実存的変容」であり、そのレベルが**「ティール（成熟した自我）」**です。妙好人のレベルですね。

「真我」の基本特性は「無条件の愛」であり、そこから「融和力」や「共感力」などの推進力が生まれます。由佐美加子が定義した「ライフミッション」、つまり「命をかけてこの人類社会にもたらしたい使命」も「真我」から出てきます。

りなりなの「ライフミッション」は、「泊り客がここで過ごしてここの食事をとると意識が変容する宿にしたい」だったのですが、それは「売上げ・利益の追求」つまり「シャドーのモンスター」の推進力により抑圧されていました。

りなりなの意識の変容は3章でご紹介した通りですが、最初に「超自我」（理性）で抑圧していた料理長への怒りを開放し、ガソリンエンジンの出力を絞ったがために、今度は「シャドーのモンスター」で抑圧していた「ライフミッション」が解放された、という二段階になっていることにご注意ください。その間2か月にわたり、毎朝・毎晩瞑想ワークを続けていたことも大切な要素です。

「実存的変容」というのは、無意識レベルの強固な構造に取り組まなければならないので、腰を据えて、丁寧に取り組む必要があります。

さて、このようにガソリンエンジンからモーターに推進力をシフトすることが「実存的変容」なのですが、もう少し詳しく見ていきましょう。

ガソリンエンジンの推進力は、何度も述べているように「シャドーのモンスター」

が源の「自己否定観」です。そこから出てくる「怖れと不安」から逃れようと、人は必死に走るのです。ある意味では、これほど強力な推進力はありません。

ガソリンエンジンを絞るということは、「怖れと不安」からの解放を意味していいます。もう、何かに追いかけられるように必死で走る必要はないのです。

その状態は、「般若心経」にも記述されており、その一節が巻頭の「意識の成長・発達のサイクル図」の「ティール（成熟した自我）」の枠内に書いてあります。

心《しん》無《む》罣《けい》礙《げ》　無《む》罣《けい》礙《げ》故《こ》　無《む》有《う》恐《く》怖《ふ》

（心にこだわりがない　こだわりがないから　恐怖もない）

「般若心経」でわざわざ言及しているくらいですから、「怖れと不安」からの解放がいかにすごいかがわかると思います。その結果は、4章で述べました。「妙好人」として語り継がれる存在が際立っています。

いまはまだ珍しい存在ですが、宗教から切り離してその方向に行く道をきっちり示すことにより、これからすさまじい勢いで増えていくことが予想されます。

本書はそのためのガイドラインとしての役割を担っています。

さて、巻頭の**「意識の成長・発達のサイクル図」**で、もう一つだけご理解いただきたいポイントがございます。

左側に上昇する孤の「個」の直前に「メンバーシップ認識」という枠が見えます。これは、だいたい4歳くらいで、**「社会に共通な認識様式」**に参加する、ということを表しています。

私たちは、世界中どこへ行っても人々は同じように物を見、音を聞き、物事を認識していると思っていますが、それは錯覚です。単純に、見る、聞くといったことでも、私たちは社会という制約に縛られています。つまり、日本に生まれた人と、アフリカのケニアのマサイ族に生まれた人では物の見え方、音の聞こえ方はもちろん、それより複雑な概念理解までもがまったく違ってきます。

たとえば、北極圏のイヌイットは「白」を指す言葉が17あり、それぞれ見分けていますが、日本人には全部白に見えてしまいます。英語を聞いているとき、「r」と「ℓ」が聴き分けられなかった経験を持つ人が多いでしょう。

ある意味では、私たちはものごとの捉え方を社会に「洗脳」されているといってもよいでしょう。「洗脳」というと好ましくないイメージを持つと思いますが、そうではなく、皆と同じ認識をすることで、楽に生きていけるのです。

先に、社会に適合するために「超自我」を形成する、と述べましたが、「倫理観」「道徳観」のみならず、私たちはありとあらゆる認識を社会に適合させているのです。

この「社会による洗脳」から離脱するのが、右側の孤の「超個」に入ってすぐにある「生物社会的帯域」です。これはしかし、生易しい話ではなく、「透視」「テレパシー」「リモートビューイング（はるか遠くのものを見る）」「チャネリング（目に見えない何ものかにつながって情報をおろす）」「アカシック・リーディング（宇宙開闢以来のあらゆる情報が記録されているアカシックレコードを読む）」などのトランスパーソナルな認識を含みます。

「般若心経」では、それを次のように表現しています。

遠離一切《おんりいっさい》　顛倒夢想《てんどうむそう》

（ひっくり返った夢のような認識を離れ、静かな悟りが完成する）

「夢のような認識」というのは、私たちが一般常識として持っているものごとを分け隔てて認識する、いわゆる「分別知」のことでしょう。いま私たちが普通に持っている常識というのは、単なる「社会による洗脳」にしかすぎません。

5章で、次のように述べました（P100）。

反省したり、誰かのせいにしたりすることは、「宇宙の流れ」、あるいは「運命の流れ」を信頼していない証拠であり、宇宙に「信頼していないぞ」というメッセージを発信していることになります。そうすると「宇宙」は、これがあなたの好きな「信頼できない宇宙」ですよと、ちゃんと不本意な現実を用意してくれます（阿弥陀如来のかわりに「宇宙」という言葉で説明してみました）。

これは、いまの社会の常識に照らすと「トンデモ……」に属する話ですが、トランスパーソナルな領域まで行きますと、必ずしもそうではありません。これが、「遠離一切　顛倒夢想」の一つの例です。

このように「個のレベル」というのは、「メンバーシップ認識」と「生物社会的帯域」にはさまれており、もろに「社会に共通な認識様式」、つまり「社会による洗脳」の影響下にあります。

この「社会に共通な認識様式」というのは、社会によって違うのは当然ですが、時代と共に変化していきます。それが「社会の進化」です。

7

「あけわたしモドキ」

「あけわたし」は「Ｂｅｉｎｇ（やりかた）」！

りなりなが、「あけわたし」により、無謀にも崖から「えいやっ！」と飛び降りたら、あら不思議、崖から落ちずに蝶になってひらひらと飛んでいったという不思議なストーリーをお話ししてきました。

「あ、いいこと聞いた！」と、崖から飛び降りる人が出てくるかもしれません。これは、はっきり言って全員失敗します。本書を読んで、あるいは**りなりな**の話を聞いて、**りなりな**のやり方を真似する人が出てくると思いますが、これは絶望的に無駄な努力です。いくら**「行為（Ｄｏｉｎｇ）」**を真似ても、「あけわたし」にはなりません。

「あけわたし」というのは、**「Ｂｅｉｎｇ（ありかた）」**であり、「Ｄｏｉｎｇ（やりかた）」ではないのです。

りなりなは、蝶になっていたので、ひらひらと飛んでいけたのですが、崖から飛び降りたから蝶になれたのではないのです。このことをご理解いただかないと、本書を読んだ結果、崖下に蛹の死骸が累々と横たわるという結果になりかねません（笑）。ですから、いまから丁寧にご説明します。

じつは、これに類する失敗は「あけわたし」だけでなく、いろいろな局面で頻繁に起きているのですが、ほとんどの方は気づいていません。

たとえば、2018年にフレデリック・ラルー著の『ティール組織』が刊行され、大ブームになりました。多くの企業が、その方向を目指したのですが、失敗したケースがとても多く出ました。天外塾でも、よく失敗の報告を聞きます。「ティール組織」も「Being（ありかた）」であり、「Doing（やりかた）」ではありません。

「Doing（やりかた）」としての**「自律分散組織」**を大々的に指導しているグループもありますが、ちょっと疑問です。

一つには、「自律分散組織」というのは「ティール組織」とはまったく異なる経営様式ですが、それを混同して失敗してしまった人を大勢見てきたこと。もう一つは、

「自律分散組織」といえども、やはり指導者の「Ｂｅｉｎｇ（ありかた）」が問われるからです。

「ティール組織」の日本における第一人者、**嘉村賢州**《かむらけんしゅう》は、ちょっと表現は違いますが、**「ティール組織というのは〝世界観〟だ」**と言っています。これは、おそらく同じ意味でしょう。

「ティール組織」というのも、「実存的変容」を超えた人が自然に移行する組織形態であり、「あけわたし」と共通点が多くあります。

「Ｄｏｉｎｇ（やりかた）」というのは、「目標を作ってそれに向かって努力する」という「古典的成功ストーリー」になります。もちろんそれが悪いのではなく、成功への強力な道です（まえがき）。しかしながら、その努力が「あけわたし」の邪魔になり、かえって「宇宙的成功ストーリー」へは向かえなくなる……というのが本書でお伝えしている内容です。

「ティール組織」では、「目標達成へ努力する」のを、**「command & control（指揮**

統制)」のパラダイムであり、「ティール」のパラダイムから外れる、と表現しています。つまり、「ティール組織」に向かって努力することそのものが、「ティール」とは逆方向なので、その努力は未来永劫報いられないのです。フレデリック・ラルーは、そうはいっておりませんが、「ティール組織」も「宇宙の流れ」に乗る、つまり「あけわたし」と同じ方向性を持っています。

さて、それでは「Ｂｅｉｎｇ（ありかた）」としての「あけわたし」というのはどういうことでしょうか？

本書の文脈では、モーター（真我）の推進力で走っている状態、ということになります。ハイブリッドカーなら、スピードメーター横に「ＥＶ」という表示が出ますが、これは外から見てもわかりません。本人にもわからないでしょう。

ガソリンエンジン（シャドーのモンスター）で走っていても、あたかもモーターで走っているふりをすることはできます。それは、「Ｄｏｉｎｇ（やりかた）」のところは**「超自我」（理性）**でコントロールできるからです。そういう人を**「あけわたしモ**

ドキ」と呼ぶことにしましょう。

「あけわたし」＝ガソリンエンジンの出力が絞られ、モーターで走っている

「あけわたしモドキ」＝ガソリンエンジンで走っているのに、「超自我」（理性）でコントロールしてモーターで走っているふりをしている。

りなりなの行為をマネする人は「あけわたしモドキ」になります。これが「Ｄｏｉｎｇ（やりかた）」として、「あけわたし」を追いかけた結果です。

前述のように「あけわたし」と「あけわたしモドキ」は外から見ても区別できません。本人にもわからないでしょう。判別するには、例えば崖から飛んでみて、ひらひらと飛んでいけるか、下に落ちて死んでしまうか、でわかりますが、それだと、また崖下に蛹の死骸累々になってしまいますね（笑）。

文献［6］では、理想を追ったコミュニティで、「あけわたしモドキ」が大量に発生し、理想から離れていく様子をご紹介しました。「あけわたしモドキ」が大勢いるコミュニティは、皆が「いい人」を装う「グリーン・コミュニティ」になります。

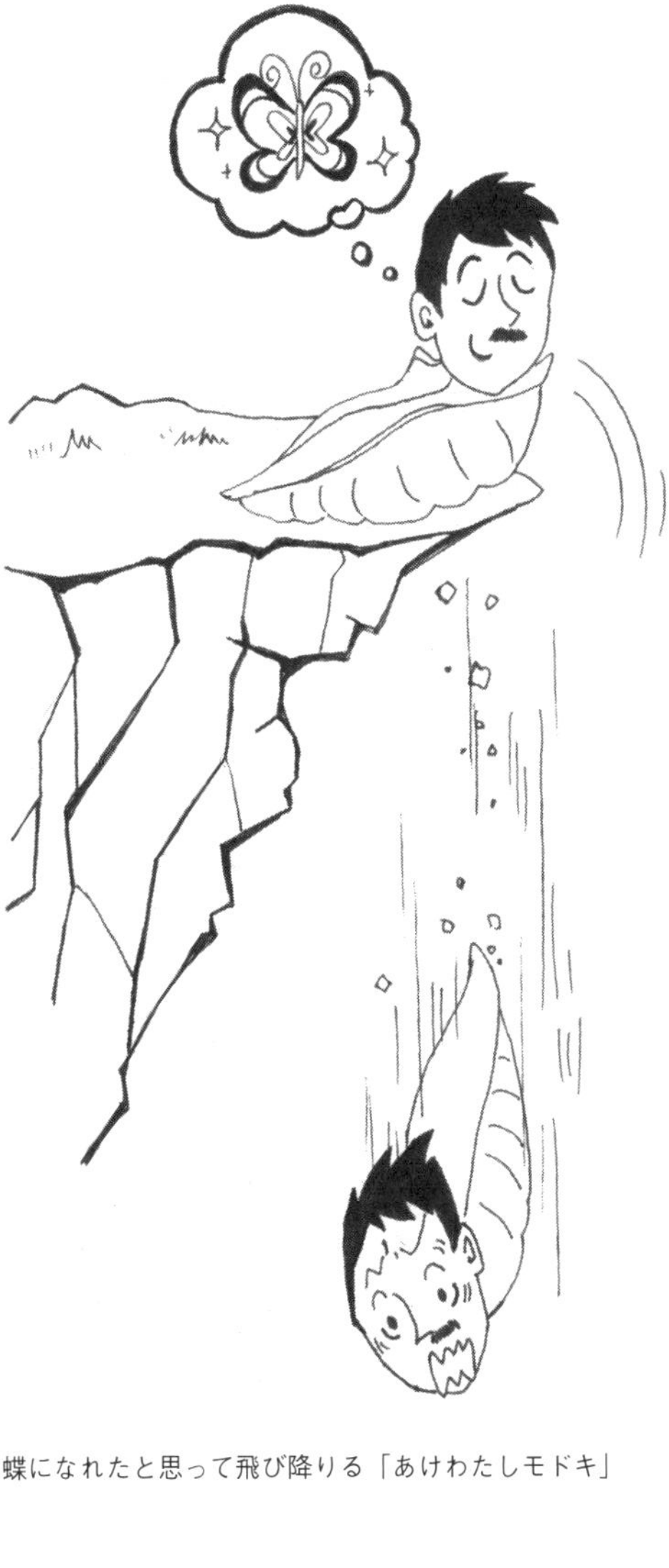

蝶になれたと思って飛び降りる「あけわたしモドキ」

現実の多くは「あけわたしモドキ」だから

いま、意識の変容としての「あけわたし」のシーン、あるいはコミュニティにおける「あけわたしモドキ」の問題点をお話ししました。

世の中ではどうかというと、むしろ「あけわたしモドキ」のほうが一般的、というか、むしろほとんどの人がそうだといってもいいでしょう。

皆、**「いい人」「立派な社会人」「良き隣人」**を装って生きていますが、これは「超自我」「ペルソナ」による理性の働きです。程度の差はありますが、ほとんど全員が「あけわたしモドキ」であり、「あけわたし」は一生懸命探してもなかなか見つかりません。だからこそ、こうやって本に書いているのです。

2章で、ケン・ウイルバーとかロバート・キーガンなどをよく勉強している人たちが「聖人」を装っている、と述べましたが、もし、「あけわたしモドキ」コンテストをやったら、彼らが優勝するかもしれません（笑）。

話は飛びますが、スコットランドに**フィンドホーン**という老舗のコミュニティがありました。ところが、数年前に財政難に陥り、解雇通告に怒ったベテランスタッフの放火により、2021年に60年の幕を閉じました。

もともとフィンドホーンの創業者たちはチャネラーであり、目に見えない何者か（神？）からメッセージを受け取って奇跡が連続的に起こり、人気を呼んでいました。

これは、いわば「チャネリング経営」であり、**りなりな**の「あけわたし経営」より、もっと神秘的ですね（笑）。ただ、チャネラーがいなくなってしまえば、当然「チャネリング経営」はできず、下手をすると烏合の衆になってしまいます。

フィンドホーンは、世界中に熱狂的なサポーターがいるので、ここまで財政的に酷くなる前に、出費を抑え、寄付を募ったら少しの痛みで簡単に回復できたと思います。

これがごく普通の合理的な経営であり、**オレンジ経営**と呼んでいます。本書の文脈でいえば「古典的成功ストーリー」です。

経営が傾きだしたときに、再建のために大勢のメンバーが呼ばれたのですが、合理的な再建策がことごとく古参メンバーに反対され、せっかく再建のために呼ばれた優秀なメンバーが次々に去っていったそうです。

創業者たちの「チャネリング経営」にどっぷりつかって「宇宙の流れ」に乗る経営を見てきた古参にはその経営が常識になっており、自分はチャネリング能力がないにもかかわらず、そればかりを夢見ており、ごく普通の合理主義経営が理解できなかったのでしょう。逆に、合理主義経営しか知らない人は、「あけわたし」や「チャネリング経営」などは想像もできませんので、おそらく話はまったくかみ合わなかったと想像できます。

前述したように、合理主義経営で必要な**努力**は「宇宙の流れ」に乗ることを妨げますので、フィンドホーンの創業者たちのように、蝶になって飛ぶときには拒否するのは当然です。ところが、蝶になれてはおらず、蛹のままで合理主義経営しか生きる道がない「あけわたしモドキ」が合理主義経営を拒否すると悲劇になります。

約100人いたフィンドホーン財団メンバーの大部分が解雇され、残った3人と再建のために新たに参加した9人で、いまは再建というよりは資産整理と借金返済の業務を遂行しています。

これは、典型的な「あけわたしモドキ」の悲劇といえましょう。約100人いたフィンドホーン財団のメンバーは全員蛹だったのだけど、蛹と蝶の見分けがつかず、飛べると思って、崖から飛び降りてしまったように見えます。

経営が危機に瀕している緊急事態の時は、蝶になって飛んでいくことを夢見ても危機から脱出できません。蛹のまま合理的に危機をしのぐ方が堅実です。

本書は、一般の方を対象に書いているので、「古典的成功ストーリー」しか知らない人に、「宇宙的成功ストーリー」というのがあるよ、「宇宙の流れに乗る」という生き方があるよ、「あけわたし」という境地（Ｂｅｉｎｇ）があるよ、ということを強調してきました。

世の中のほとんどの人が合理主義経営を推進する中で、**りなりな**のように「あけわたし経営」をする人もいるよ、という一種の啓蒙です。

ところが、スピリチュアルな世界では「宇宙の流れに乗る」ということのほうが、むしろ常識です。その例として、フィンドホーンの創業者のような話、あるいは**りなりな**の「宇宙的成功ストーリー」のような話がたくさん語られています。

前述のように、合理主義経営の「努力」は「宇宙の流れ」に乗る妨げになることは事実であり、そのため、多くのスピ系の人はごく常識的な合理主義経営を受け入れない、あるいは「意識レベルが低い」とバカにする傾向が見られます。蝶に慣れた人はともかく、蛹がその認識だと大問題です。合理主義経営、あるいは「古典的成功ストーリー」というのは、どちらかというと経営オペレーションの基本であり、バカにするような話ではないのです。それが、フィンドホーンの悲劇につながったのでしょう。

経営でいえば、「あけわたし経営」「合理主義経営」のいずれも、意識して実行できることが、本当は望ましいと思われます。

スピ系の世界では、いま地球は次元上昇（アセンション）の真っ只中にあり、人類の意識がどんどん開かれている、というストーリーが一般的に流通しています。これは、もうすぐ全員が蝶になれますよ、というメッセージにも聞こえます。

アセンションに関しては、天外は判断を保留し、賛成も反対もいたしません。現実を観測すると、接触のあったスピ系の多くの人は依存が残っており、アセンションどころか、いまの社会の標準であるオレンジのレベルまでも成長できておりません。

依存が残ったまま蝶になることは無理で、全員が「あけわたしモドキ」の状態にとどまります。

本書の立場としては、「あけわたしモドキ」の人が、足が地についたしっかりした人生を歩むためには、「私は蝶だ」という思い込みを外して、ごく普通の合理的な思考にも心を開くことをおすすめします。

つまり、一般の方々へのメッセージと、スピ系の方々へのメッセージは、まさに真逆になります。

いまの世の中でほとんどの人は、崖から飛び降りたら落ちて死んでしまうのであり、あなたも例外ではありません。**りなりな**のマネをして、崖から飛び降りることはお薦めできません。

それではどうしたらよいか?

それを8章でお話ししましょう!

8

「あけわたし」瞑想法

「あけわたし」に向かう道を探る

崖から飛び降りて、飛んでいけるか、それとも落ちてしまうか、「Ｂｅｉｎｇ（ありかた）」としての「あけわたし」は悩ましいところです。「Ｄｏｉｎｇ（やりかた）」だったら、

「こうして ⇩ こうやれば ⇩ こうなる」

というロジックが成立しますが、「Ｂｅｉｎｇ（ありかた）」には、ロジックは通用しません。「こちらの方向に歩み続けると、そうなるかもしれませんが、そうならないかもしれませんよ」……と、きわめて曖昧なのです。

じつは、その方法論の一つはすでに世の中に存在しています。それが**「他力の教え」**です（５章）。**「ナムアミダブツ」**というマントラを、ひたすらと称えていればいい、という極めてシンプルな方法論であり、他に何も要求しておりません。

もちろん、「他力の教え」というのは宗教であり、**法蔵菩薩の「四十八の誓願」**が聞き届けられたので阿弥陀如来になったというストーリーに対する「信心」を大切にしています。しかしながら、そのストーリーを素直に読むと、「信心」があろうが、なかろうが、阿弥陀如来はもれなく救ってくださる、と解釈できます。

結局ワークとしてとらえると「ナムアミダブツ」というマントラをひたすら称えなさい、ということになります。

ところが、一連の限られた数の「妙好人」が報告されて、100年以上も経つのに、その後はほとんど聞きません。浄土宗・浄土真宗の信者は膨大な数がおられ、皆さん熱心に「ナムアミダブツ」と称えているのに、「妙好人」まで達する人は、どうしてこれほどに少ないのでしょうか？

おそらく、阿弥陀如来に対する全面的な信頼、そして「こんなダメ人間な自分でも救ってくださる」という感謝からくる法悦、それを支える信仰心、そして「ナムアミダブツ」というマントラをものすごい回数称えたこと、などが相まって妙好人が生まれたのでしょう。

社会が近代化し、科学的思考が入ってくると、そこまでに没頭する信仰心を持ちにくくなり、そこまでの数の「ナムアミダブツ」と称える人がいなくなったのかもしれません。

信仰心がない状態で、「ナムアミダブツ」とものすごい回数を称えれば、そこまで行けるかどうかはわかりません。

りなりなは、たまたま料理長というターゲットがいたので「天敵瞑想」により首尾よく「あけわたし」を達成しました。「天敵」がいらっしゃる方には、この瞑想法はとても強力なので、付録に改訂版を掲載します（P154）。これは、とくに指導がなくても各自、自宅で簡単に実行できますし、副作用もございませんので、ぜひトライしてみてください。

りなりなの場合には、毎朝・毎晩この瞑想を実行して約2か月で「あけわたし」を達成しました。しかしながら、「意識の変容」としては、**りなりな**は、その前の何年もの間準備が進んでいたので、誰でも2か月で変容できるとは思わないでください。

もう一つ大事なことは、「あけわたし」をしたい！ という気持ちが強いと「あけわたし」ができなくなります。下手をすると「あけわたしモドキ」が生まれます。これは、「聖人」を目指している人が軒並み「あけわたしモドキ」になってしまうのと同じ原理です（2章、7章）。

「あけわたし」を完全に意識しない、ということは無理ですが、なるべく淡々と意気込まないで瞑想ワークを進めるという注意は必要です。

たとえ「あけわたし」までは至らなくても、「天敵」が「いい人」に変わったり、いなくなったりすれば、メリットはとても大きいでしょう。

しかしながら、「天敵」が特にいない人には、この方法論は使えません。

本章では、誰でもその道を歩んでいけば、確実に「あけわたし」に近づける、という方法論を探ってみましょう。

「あけわたし瞑想」という瞑想法

天外塾では、「天敵瞑想」以外にも約10種類の瞑想法が実施されています。いずれも「実存的変容」に向かうための瞑想法です。「あけわたし」というのは「実存的変容」に向かう一つのパターンですから、これらの瞑想法はいずれも「あけわたし」に向かうために有効です。

ここでは、その中から4章でご紹介した**「メンタルモデル瞑想」**を取り上げます。前述のように「シャドーのモンスター」というのは、「自己否定観」の源で、そこから出てくる「怖れと不安」により、ガソリンエンジンの推進力が生まれます。

それは、かつて体験した「痛み」をもう一度体験するのではないかという「怖れと不安」であり、そこから一目散に逃げようと走り出すのが、ガソリンエンジンの推進力です。それが4つの否定的な信念体系のパターンになっているというのが、由佐美加子の発見した「メンタルモデル」です。

「メンタルモデル瞑想」は、スートラ瞑想の方法論です。

それぞれの否定的な信念体系から脱出できるようなスートラ（祈りの言葉）を瞑想に入って称えるのです。最初からかなりの効果があり、手ごたえを感じました。そのうちに、皆さんスートラの言葉をいじり始め、だんだん自分独自のスートラが降りてくる人が増えてきました。

それを聞き取ってご紹介すると、ますます効果が高くなってきました。4章で述べたように「ライフミッション・スートラ」も増えてきました。ただし、どうやら「ライフミッション」は、一人ひとり表現が違うので、それを紹介しても他の人は使えないようです。

2章で紹介した忌部さんのスートラは、高齢者が介護を受けるときに「ダメ人間」をさらせるように、という主旨で作られており、メンタルモデルとは関係なかったのですが、４つのメンタルモデルすべてを含んでおり、各自のメンタルモデルを特定しなくても使えます。試しにご紹介したら、メンタルモデル瞑想者の間で、大人気になりました。もう一度掲載します。

忌部直宏さんの「メンタルモデル・スートラ」

私は、ダメな自分がいてもいい、弱い自分がいてもいい、人の役に立てなくてもいい、それでも私は、愛されているから、守られているから、皆が助けてくれるから。

人びとが、なぜ生きにくくなるかというと、自らの「自己否定観」を覆い隠そうとするからです。心の底では、自分が「ダメ人間」だとわかっているのですが、それが他の人にばれないように、自分からも見えないように、「有能な人間」「いい人」を装っているのです。「自己否定」を「否定」していますので、苦しくなるのです。

5章で述べたように妙好人は、徹底的に「ダメ人間」をさらして生きています。たとえ「ダメ人間」でもOK！……と思えるのが「あけわたし」です。

このスートラは、阿弥陀如来の信仰とは無関係にそれを達成する働きがあります。「かえつ有明中・高等学校」副校長の**佐野和之**《さのかずゆき》さんは、たまたま天外塾に参加され、このスートラでメンタルモデル瞑想を続けていたのですが、だんだん変化して、結局下のようになりました。

【佐野和之さんの「へなちょこスートラ」】

褒められなくてもいい、ちっちゃくてもいい、卑怯者でもいい、自分勝手でもいい、責任果たさなくてもいい、価値出さなくてもいい、役に立たなくてもいい、負け犬でもいい、こんなダメダメな自分でも大丈夫、守られてるんだから。

このスートラは、すぐに**「へなちょこスートラ」**という名前がつきました。なぜかというと、これが披露されたとき、多くの塾生が「これ、いいね」といった中で、一人だけ「こんなへなちょこ、称える気がしない！」と言ったからです。

よくよく聞いてみると、「ちょっと頑張れば、まともになれるのに、こんなへなちょこを称えていると、そのままへなちょこが定着してしまう」と言うのです。

「ああ、なるほど……」と私は思いました。これが常識なのです。世の中では、ちゃんと頑張って、まともに生きることが求められており、「ダメ人間」をさらしてはいけないのです。「あけわたし」により、「ダメ人間」をさらす、などということはとんでもないのでしょう。本書は、その世の中的な非常識をお薦めする、トンデモ本なのです（笑）。

でも前述のように、「頑張る」ということは「自己否定観」のパワーを使うことです。まともに生きるようになることは、ガソリンエンジンをふかすことであり、「シャドーのモンスター」の推進力を使うことなのです。「まともに生きる」代償に、「自己否定観」はますます強くなります。

その塾生は、極めて常識的な発想で「へなちょこ」と言ったのですが、天外塾で行こうとしているのは、「その常識を超えたところだよ」ということを納得していただきました。

ロバート・キーガンという学者の説によると、ちょっと表現は違いますが、「あけわたし」を達成した人は全人口の1％程度だそうです。つまり、いまのところまだ、奇人変人の類と思われるかもしれません。その常識破りの1％しかいない奇人変人のお仲間に皆さんをお誘いしているのです。

ということで、この「へなちょこスートラ」を使った瞑想法を**「あけわたし瞑想」**と名付けました。以下、そのやり方をご説明します。

「あけわたし瞑想」

毎朝・毎晩、次の瞑想を実行します。

1．最初にマントラを称えて軽い瞑想に入ります。

マントラは「ナムアミダブツ」「ナムミョウホウレンゲキョウ」「アーメン」「ハレルヤ」「ギャアテイ・ギャアテイ・ハラギャアテイ・ハラソウギャアテイ・ボウジソワカ」（般若心経のマントラ）、「カンナガラタマチハエマセ」「トホカミヱヒタメ」（神道のマントラ）「オム・マニ・ペメ・フム」（チベット密教のマントラ）など何でもよいのですが、特にこだわりがなければ稲盛和夫氏が小学校のころ授かったという隠れ念仏のマントラ（左記）がお薦めです。

「ナンマン・ナンマン・アリガトウ」

このマントラだと72回称えると軽い瞑想状態に入れます。「アーメン」などの短いマントラだと、１０８回は必要です。マントラは声に出す必要はなく、心の中で称えます。

2. 次のスートラを108回称えます。声を出さなくてもOKです。

褒められなくてもいい、ちっちゃくてもいい、卑怯者でもいい、自分勝手でもいい、責任果たさなくてもいい、価値出さなくてもいい、役に立たなくてもいい、負け犬でもいい、こんなダメダメな自分でも大丈夫、守られてるんだから。

3. 最後に合掌し、静かに呼吸し、スートラが身体にしみこむイメージをします。

4. スートラを合計5000回程度称えると、何らかの効果が実感できます。

（毎朝・毎晩108回ずつだとおおよそ1か月）

むすび

もう、はるかに昔の話になりますが、私は高校、大学とグライダーに夢中になって取り組みました。気流に乗って空高く舞上がっていくには少々コツがいります。トンビは得意ですが、カモメは下手糞です（笑）。

一緒に旋回していると、トンビは大体グライダーより上に行きますが、カモメはすぐに上昇気流から外れてしまいます。カラスは上昇気流には入ってきません。

上昇気流の中にとどまって長時間旋回を続けるというのは簡単ではありません。道路を運転するのと違って、気流は目に見えませんから、少しでもバンク（傾き）やスピードが変わるとたちまち上昇気流から外れ、周囲の乱気流の中に叩き落されます。

そのときの感覚と、目に見えない「宇宙の流れ」に乗る感覚はとても良く似ています。カミソリの刃の上を歩いていく感覚といってもいいかもしれません。

「あけわたし」を達成したからといって、いつもいつもモーターが回って「宇宙の流れ」に乗れているわけではありません。人間である限り、ときどきはガソリンエンジンが回るので、「宇宙の流れ」から外れることもあります。**りなりな**といえども、それは同じです。

つまり、いったん「あけわたし」に達すればそれですべてOKということではなく、**「宇宙の流れ」に入ったり出たりする、というのが人生なのです。**

外れると、不本意な現実に次々見舞われ、あるいは体調不良になります。流れから外れたことを素早く察知して、また「宇宙の流れ」に戻るには、少しの熟練が必要でしょう【3】。

「宇宙の流れ」に乗れているときは体調も良く、「共時性」が頻繁に起きます。

しかしながらいま、ほとんどの人はガソリンエンジンをブイブイ回して走っているので、「宇宙の流れ」に乗るということを知りません。それは、上昇気流から外れて乱気流の中に叩き落とされた状態によく似ています。いつも羽根をバタバタ動かしているカラスのようです。正確にいうと、どんな人でも時々はモーターも回るので、短時間「宇宙の流れ」に乗ることはあるのですが、すぐ外れてしまいます。上昇気流に乗って空高く舞上がっていく、という感じにはなりません。要するにカモメなのです。

もちろん、そういう人でも艱難辛苦《かんなんしんく》の末、社会的に成功することもあります。それが、まえがきで述べた「古典的成功ストーリー」です。たとえていうと、カラスが一生懸命羽根をバタバタと動かして高く上がっていったようなものです。

それに対して「宇宙的成功ストーリー」というのは、トンビがまったく羽根を動かさず、悠々と旋回して空高く舞上がっていく姿に似ています。

グライダーの世界にも、トンビもいたし、カラスもいました(笑)。

当時の読売新聞後援の学生航空連盟には教官が7名いましたが、獲得高度一千メートルという科目飛行を達成したのは4人だけで、残りの3人はカラスでした。グライダー歴が長く、操縦技術がいくら上手でも、気流に乗って舞上がっていく、というのはまた別物なのです。

これは、私が自分で発見したのですが、グライダーで沈下率が最低になるのは失速直前の極めて不安定な状態の時です。だから、上昇気流の中でスピードを抜けばよく上がります。

ところがこれは、乱気流の中ではかなり危険な操縦であり、舵の利きも悪くなっているので、ちょっと油断すると失速して錐揉《きり》みに入ってしまいます。グライダーの死亡事故のほとんどは着陸直前の旋回で錐揉みに入り、頭からの墜落です。だから、練習生には常にスピードをつけてコントロールを確保しろと、しつこく教えています。

カラスの教官たちは、この教えを上昇気流中でも忠実に守っているので上がれないのです。上昇気流の中でスピードを抜いて不安定な状態に耐えるということは、コントロールを手放して「あけわたす」ことに似ています。

実際に上昇気流の中ではコントロールを手放している訳ではなく、むしろ姿勢変化に対する感覚を鋭敏にして、利かない舵を早めに使って精妙なコントロールをしているのですが、心理的にはよく似ています。両方とも、不安定な状態に耐える必要があるからです。

自慢話になって恐縮ですが、その不安定に耐えることができたので、私は卒業までに、獲得高度一千メートルを10回以上、獲得高度三千メートルを2回達成しました。トンビの中の超トンビだったかもしれません。

本書で、コントロールを手放して「あけわたし」を説いてきましたが、学生時代にグライダーでいかに気流に乗るかを散々工夫してきたことを思い出しました。これも、大いなる宇宙の流れなのかもしれません。

本書が、読者の皆様が「宇宙の流れ」に乗れるお手伝いができることを願ってやみません。

筆を置くにあたり、ともに「あけわたし」の探求をしてくれた、**りなりな**こと深澤里奈子さん、素晴らしいスートラを提供してくれた忌部直宏さん、佐野和之さん、編集の労をとってくれた鈴木七沖さん、などに心から感謝の意を表します。

天外伺朗

［付録］

天敵瞑想

私たちはシャドーのモンスターを投影して「悪者」を捏造《ねつぞう》しています。その「悪者」の極端な例が「天敵」です。「天敵」を逃れて職場を変わったら別の「天敵」に遭遇した、というケースが多いですが、自らのシャドーのモンスターを投影して捏造しますので、どこに行っても同じです。誰も自分自身からは逃れられません。

いま、天敵で苦しんでいる人に、天敵はあなた自身が作り出しているのですよ、と説いても絶対に納得しません。天敵がいかに性悪か、ということを事細かく説明し、誰しもがあの人のことをそういっていると「天敵＝悪者」ということが客観的事実かのように証明しようとします。

ところが、「天敵瞑想」（この後説明します）を朝晩実施すると、約1か月でかなりの確率で解決します。70％くらいは天敵がいい人に変わり、30％くらい職場からいなくなるのです。

そうなって初めて、その人は天敵を自分が作り出していたことを納得します。したがっていま、読者の皆さんが、このことを飲み込めないのは当然です。

「天敵瞑想」では、1か月間毎朝毎晩瞑想をするだけで、天敵その人には何らアプローチはしません。にもかかわらず、天敵がいい人に変わったり、いなくなったりすることは、とても不思議です。

天敵がいい人に変わるのは、心理学でもある程度の説明ができます。シャドーのモンスターというフィルターの色が薄くなるので、それを通して見る天敵がいい人に見えてくる、という説明です。

ところが実際の事例に接していると、単に見え方が変わったという説明ではとても納得できないような激しい変化が観察されます。さらには、職場からいなくなる、という現象は心理学では説明できません。

このことから、私は、次のような仮説を立てています。

私たちの内側の世界が変わると、外側の世界に影響を与える。

このことは、まったく科学的な説明はできず、どちらかというとオカルト的な匂いがする話ですが、意外に多くの人が心の底ではこれを信じています。ほとんどの宗教は、この発想を支持しています。世界中の先住民にとって、これはむしろ常識です。スピリチュアル系といわれる人たちの間でも広く信じられています。

さて、ちょっとオカルトから離れて、現実的な話に戻りましょう。天敵と頻繁に遭遇する人は、よくよく観察すると、お店の店員とかタクシーの運転手とか、初対面の第三者にも意地悪な人が必ず現れてトラブルになります。

そういう人はシャドーのモンスターが暴れているので、「私が正しい、あんたが悪い！」という信念が常に表に出て、天敵だけでなく、ありとあらゆる人にぶつけているのでしょう。おそらく、家庭の中も平和ではないでしょう。ただ、家庭内はトラブルだけでなく、助け合いや深い愛の交流も通常はあるので、初対面の第三者程は明確ではないかもしれません。

天外塾に、かつてSさんという塾生がおられました。ご自身でもいろいろなセミナーを主催しておられる、名の知れた経営コンサルタントです。ちょうど入塾される直前に、パートナーから手ひどい裏切りに会い、その人に対する激しい怒りを抱えて天外塾に参加されました。

天外塾に6か月間出席され、その後卒業生のための3つの瞑想ワークセミナー、**「親子の葛藤を解消するためのワーク」「インナーチャイルドワーク」「インディアン長老の叡智をお伝えする瞑想ワーク（旧称：運力強化セミナー）」**などを次々に受けられ、1年以上にわたってお付き合いいただきました。

セミナーに出るたびに体調を崩し、入院騒ぎを繰り返されました。これは、よくはわかりませんが、天外塾では時々観察される現象であり、意識の変容の影響が身体にも出るようです。

また、怒りの解消が進んでいるときには、家中の電気製品が壊れました。テレビ、冷蔵庫、洗濯機からパソコン、スマホに至るまで次々に故障していくのです。これも、天外塾ではお馴染みで何十例も出ています。

科学的な説明はできませんが（またオカルト的・笑）、怒りのエネルギーが強烈で電気製品に影響を及ぼすのでしょう。私は「パウリ現象」と呼んでいます。

ノーベル賞物理学者**ヴォルフガング・W・パウリ**（1900〜1958）が近付くと実験装置が壊れるというのは、物理学者の間ではよく知られており、インターネットで「パウリ効果」で引くと、面白いエピソードがたくさんあります。現象はオカルト的ですが、物理学者たちが認めているのです。


Sさんは、いろいろ大変でしたが、1年以上かけてようやく意識の変容を遂げられました。その後、次のような感想をいただきました。

「天外塾に参加する前までは、タクシーの運転手はなんて意地悪な人が多いのだろうと思っていました。しょっちゅう喧嘩していたのです。ところがいまは、タクシーの運転手は親切な人ばかりだと思っています。なんか、世の中が180度変わったように思えます」

これが「実存的変容」の典型的な感想です。人生の推進力が、

ガソリンエンジン（シャドーのモンスターの推進力）⇩　モーター（真我の推進力）

……と変わったのです。

おそらく天外塾に参加される前、Sさんはあらゆる人にシャドーのモンスターを投影して、「私が正しい。あんたが悪い！」というゲームをやってこられたのでしょう。詳しいことは聞いておりませんが、パートナーに裏切られたということも、そのゲームの一環だった可能性が高いです。

いま、ほとんどの人は「実存的変容」以前であり、モンスターとして生きておられ

ます。おそらく、これをお読みのあなたもその一人でしょう。

そうすると、天敵や悪人を造りまくって、あるいは手ひどい裏切りにあって、歯を食いしばって生きておられるかもしれません。

人は「シャドー」を投影して戦いを始める、というのは深層心理学の基本的な教えですが、これほどまでに、やたらめったらに悪人や天敵や裏切る人を造ってしまう、というのは私にとって新鮮な驚きでした。深層心理学は、主として精神を病んだ人を対象としていますので、天外塾でやっているようなことまでは記述が及んでいないのでしょう。

いまの世の中、皆さん立派な服装をした人を街で見かけますが、実体は口絵「モンスター図」のモンスターのような人がうようよ歩いている、そのモンスターたちが、お互いに悪者や天敵を造りまくっている、というのがここでの問題提起です。

周囲の人の何%が悪人に見え、何%が善人に見えるかで、その人の意識レベルがほぼ推定できるかもしれません。

しかしながら、ワークを推進する立場からいうと、むしろはっきりと天敵が見えている方がやりやすいです。天敵が手掛かりになるからです。

以下、「天敵瞑想」の手順をお話しします。

天敵瞑想（改訂版）

①いままで自分の前に現れた天敵たち、あるいは自分を裏切った人たち全員のリストを作る

②まず、マントラを称えて軽い瞑想に入ります。※8章「あけわたし瞑想」参照

③先の①のリストの中から、その日対象とする人を一人選び、その人が自分に対してしたひどい仕打ちを一つひとつ丹念に思い起こします。それを受けた時の嫌な情動をも

う一度しっかり感じます。祈りは声に出す必要はなく、心の中で称えます。だいたい20分位が目標。

④最後に「ありがとうございます」という言葉をマントラとして108回称えます。気持ちを込める必要はなく、機械的に淡々と称えてください。声を出さなくて結構です。これは「祈り」がネガティブなまま終わるのではなく、「感謝の祈り」に替えることと、嫌な情動を断ち切るためであり、日常生活に影響が出るようなら、このマントラを称える数を増やしてください。
「感謝の祈り」というのは、インディアンの長老の叡智であり、すべての祈りを感謝の言葉で終わるようにします。ネガティブなままで終わる「祈り」は、思わぬ副作用があります。

⑤この瞑想を、毎朝、毎晩、約1か月続けると、何らかの効果が実感できるでしょう。

文献

［1］天外伺朗『実存的変容』内外出版社、2019年
［2］天外伺朗『自己否定感』内外出版社、2021年
［3］天外伺朗『運命のシナリオ』明窓出版、2023年
［4］天外伺朗『「正義と悪」という幻想』内外出版社、2022年
［5］天外伺朗『出雲王朝の謎を解く』ナチュラルスピリット、2023年
［6］天外伺朗『シン・コミュニティ論』内外出版社、2024年
［7］鈴木大拙『妙好人』法蔵館、1976年、原著は1948年
［8］天外伺朗『マネジメント革命』講談社、2006年
［9］由佐美加子、天外伺朗『ザ・メンタルモデル』内外出版社、2019年

〈著者紹介〉

天外伺朗（てんげ・しろう）

工学博士(東北大学)、名誉博士(エジンバラ大学)。

1964年、東京工業大学電子工学科卒業後、42年間ソニーに勤務。上席常務を経て、ソニー・インテリジェンス・ダイナミクス 研究所(株)所長兼社長などを歴任。現在、「ホロトロピック・ネットワーク」を主宰、医療改革や教育改革に携わり、瞑想や断食を指導。また「天外塾」という企業経営者のためのセミナーを開いている。さらに2014年より「社員の幸せ、働きがい、社会貢献を大切にする企業」を発掘し、表彰するための「ホワイト企業大賞」も主宰していた。

著書に『「ティール時代」の子育ての秘密』『「人類の目覚め」へのガイドブック』『実存的変容』『ザ・メンタルモデル』(由佐美加子・共著)『自然経営』(武井浩三・共著)『幸福学×経営学』(小森谷浩志・前野隆司・共著)『人間性尊重型 大家族主義経営』(西泰宏・共著)『無分別智医療の時代へ』『「自己否定感」』『「融和力」』『「正義と悪」という幻想』『シン・コミュニティ論』(いずれも小社刊)など多数。

あけわたしの法則

発　行　日　２０２４年１２月２０日　第１刷発行

著　　　者　天外伺朗
発　行　者　清田名人
発　行　所　株式会社内外出版社
〒110-8578 東京都台東区東上野2-1-11
電話 03-5830-0368（企画販売局）
電話 03-5830-0237（編集部）
https://www.naigai-p.co.jp

印刷・製本　中央精版印刷株式会社

ISBN 978-4-86257-715-3 C0030

【内外出版社の本】

人間関係リセット症候群

著者：ゆうきゆう

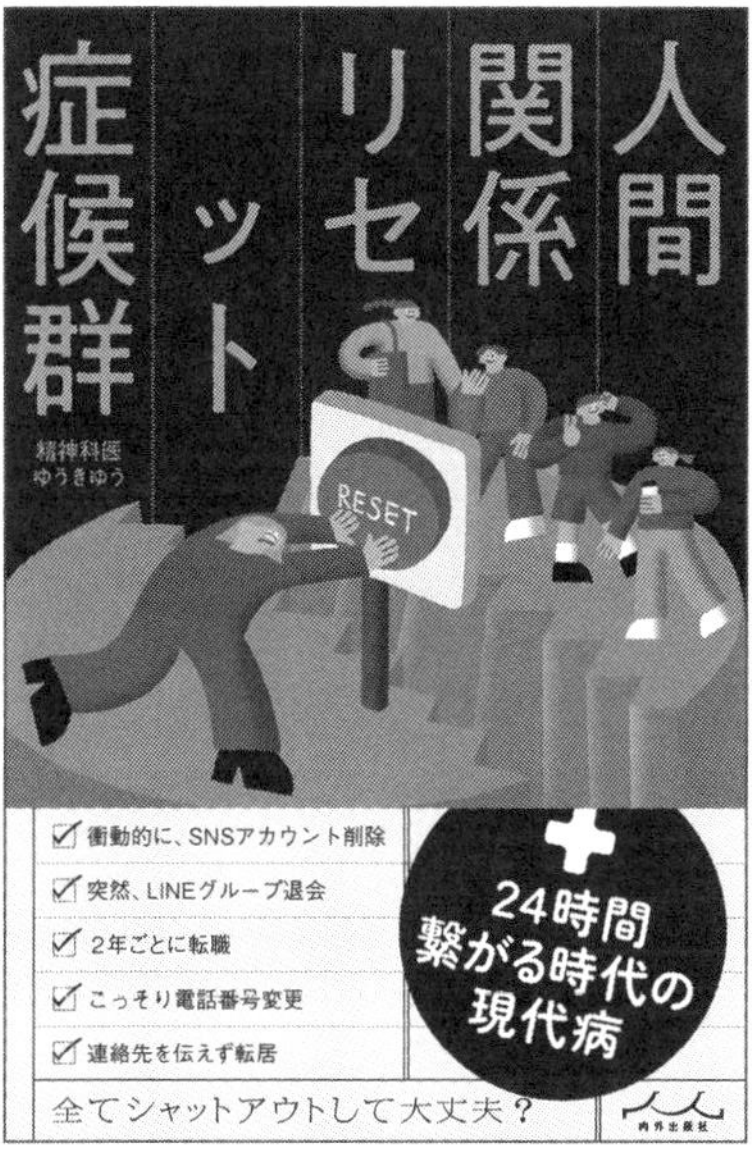

定価 1,650 円（本体 1,500 円＋税）